# Poetas del 98

BIBLIOTECA
**98**
*Un fin de siglo*

# Poetas del 98
*Un fin de siglo*

ANTOLOGÍA
Miguel García-Posada (ed.)

ALFAGUARA BOLSILLO

ALFAGUARA

© Herederos de Juan Ramón Jiménez, Rafael
   Lasso de la Vega, Antonio Machado, Manuel
   Machado, Tomás Morales, Salvador Rueda,
   Miguel de Unamuno, Ramón del Valle-Inclán
   y Francisco Villaespesa
© De esta edición:
   1998, Grupo Santillana de Ediciones, S. A.
   Torrelaguna, 60. 28043 Madrid
   Teléfono 91 744 90 60
   Telefax 91 744 92 24

• Aguilar, Altea, Taurus, Alfaguara S. A.
Beazley 3860. 1437 Buenos Aires
• Aguilar, Altea, Taurus, Alfaguara S. A. de C. V.
Avda. Universidad, 767, Col. del Valle,
México, D.F. C. P. 03100
• Distribuidora y Editora Aguilar, Altea,
Taurus, Alfaguara, S. A.
Calle 80 Nº 10-23
Santafé de Bogotá, Colombia

   ISBN:84-204-8305-2
   Depósito legal: M-30.392-1998
   Printed in Spain - Impreso en España
   por Gráfica Internacional, S. A. (Madrid)

© Diseño de cubierta:
   Pep Carrió y Sonia Sánchez

# Biblioteca del 98
# ALFAGUARA

*Biblioteca del 98 (Un fin de siglo)* pretende ofrecer, al hilo del centenario de aquel año emblemático de nuestro devenir colectivo, una escogida muestra de lo que fue ese momento histórico y literario, que cambió nuestra sensibilidad y nuestra percepción de la realidad española. La decadencia política y social y el esplendor literario se dieron de la mano entonces en singular maridaje, que se refleja en las obras y textos que ahora editamos.

M.G.-P.

Títulos de la *Biblioteca del 98*

- Azorín, *Valencia. Madrid*
- Pío Baroja, *El Mayorazgo de Labraz*
- Rubén Darío, *España contemporánea*
- Miguel de Unamuno, *Paz en la guerra*
- Miguel García-Posada (ed.), *Poetas del 98*

# ÍNDICE

# PRÓLOGO

El 98 español fue un fin de siglo. Como tal, estuvo lleno de contradicciones y de contrastes. El fin de siglo europeo fue también así: si España conoció el Desastre, Inglaterra padeció la guerra de los boers, Francia la crisis del canal de Panamá además del *affaire* Dreyfus, Rusia la guerra con Japón, etcétera. El fin de siglo español poseyó características específicas, pero no cabe considerarlo fuera de su encuadre europeo, pues en definitiva no fue sino la manifestación de una crisis general más amplia: la crisis de la conciencia europea, con el hundimiento del prestigio de la cosmovisión burguesa (positivista y realista), la definitiva crisis de las concepciones teológicas, la crisis de la sociedad enfrentada a sus propias limitaciones y, como consecuencia de todo ello, la constitución de una nueva estética. El 98 fue, en primer lugar, un fin de siglo, que si conoció en España circunstancias propias también presentó características concordes con las de la cultura europea coetánea.

El 98 en literatura se llamó modernismo. Azorín trataría en 1913 de llevar el agua de las generaciones a su molino en afortunada operación —la invención de la generación del 98—, que no resiste el análisis histórico y que, después de muchos años de supervivencia, hoy se ha derrumbado casi al completo. Pues el modernismo en verdad lo invadió todo: el estilo decorativo de los interiores domésticos, la arquitectura, la pintura, la escultura, el cartelismo, la moda femenina, la filosofía, la literatura. El modernismo fue nietzscheano y abolió la vigencia de Auguste Comte. Fue subjetivo y descreyó de la realidad externa. Amó la belleza, pero también se detuvo en los aspectos menos gratos de la realidad. Fue antirrealista y fue antiburgués. Sustituyó la concepción mecanicista del mundo por una concepción rítmica: todo era movimiento en el cosmos, todo era energía, como ya había proclamado Schopenhauer. Movimiento, energía, erotismo. El modernismo fue descreído, agnóstico, a veces espiritista, siempre heterodoxo. La heterodoxia la lleva inscrita en su propio nombre (la herejía antipapista cultivada por clérigos alemanes a raíz de la proclamación del dogma de la infalibilidad del supremo pontífice). Por eso, tan modernista de fondo es Unamuno como Darío, Baroja como Manuel Machado, Azorín como Juan Ramón Jiménez, a quien tanto se debe en el conocimiento profundo de lo que el modernismo fue. La consciencia preexistencialista del tiempo, los límites de la razón, la exaltación de los impulsos dionisíacos, la visión problemática del universo, del que han huido los dioses revelados, todos éstos son elementos que se registran por igual, aunque en grado diverso, en los escritores mencionados. El modernismo fue un romanticismo puesto al día, ajeno a sus dogmas políticos pero no a su concepción trágica o ambigua del mundo.

El llamado «grupo de los tres», que fue una variante dentro del modernismo y estuvo integrado por Azorín, Baroja y Ramiro de Maeztu (con la complicidad de Unamuno), se dio más a la prosa y rehuyó el cosmopolitismo del modernismo rubendariano, que sustituyó por el casticismo y la preocupación regeneracionista. Introdujo en el modernismo una dimensión española, civil y ética, que ha hecho que se le pueda calificar de izquierda del movimiento, sin perjuicio de que los modernistas más puros pudieran suscribir esa dimensión: el Darío de los grandes poemas hispánicos de 1905, el Machado de *Campos de Castilla*. De creer a Juan Ramón Jiménez, el castellanismo temático fue obra de Francisco Giner de los Ríos, seducido como su íntimo Bartolomé Cossío por el paisaje de Castilla y el Greco. En su estela compuso Machado su gran libro castellano; Juan Ramón Jiménez no acertó a escribir más que un poema, el soneto *Octubre,* aquí antologado. Pero el modernismo, en su conjunto, fue el gran movimiento que se apoderó y posesionó de todo: un movimiento antirrealista, antipositivista, anticomtiano, simbolista, parnasiano, vitalista, preexistencialista, decadentista, nietzscheano y schopenhaueriano. Fue además el gran movimiento de la emancipación literaria de la América hispanohablante que se liberó del colonialismo cultural europeo y se expresó por vez primera de modo genuino a través de sus fórmulas y de sus códigos. Es ésta una de las razones de la presencia aquí de Darío, que acreditan muchos otros títulos.

La poesía no fue un género menor en el modernismo. Heredando la hegemonía que había alcanzado en gran parte del siglo XIX, siguió gozando de la predilección de muchos lectores. Núñez de Arce se vanagloriaba de lo que cobraba por la publicación de sus versos en la prensa; Campoamor, editado con profusión y lujo, no faltaba en ninguna biblioteca burguesa que se tuviera por tal; y las *Rimas* becquerianas fueron convirtiéndose poco a poco en un creciente éxito: es significativo su impacto sobre el joven Darío, que las imita fervorosamente. Los poetas modernistas lograron desplazar lentamente la presencia de los poetas decimonónicos, excepción hecha de Bécquer. Muy lentamente, eso sí; de hecho, Darío se paga de su propio bolsillo la edición de *Cantos de vida y esperanza*, que no supera los quinientos ejemplares —Verlaine, ya consagrado, tampoco había alcanzado tiradas mayores—; pero los rapsodas de la época se habían apoderado de los versos rubenianos y las revistas más prestigiosas —así *Blanco y Negro* y *La Ilustración Española y Americana*— se honraban con su firma; los mismos suspiros nostálgicos del primer Juan Ramón Jiménez se abrían camino en la nueva sentimentalidad: en una de *Las novelas de la quiebra*, del hoy olvidado (además de zafiamente vilipendiado) Juan Antonio de Zunzunegui, ambientada en la segunda década del siglo, los novios se intercambian versos juanramonianos, y la penetración de Jiménez en América, esta vez con tiradas muy superiores, es un fenómeno editorial que no siempre se ha tenido en cuenta. Azorín recordaba, en *Madrid,* el libro memorial sobre su generación, esta prevalencia de la poesía:

*...Había muchos poetas. Se ha cultivado la lírica en los tiempos de la generación del 98, como acaso no se ha cultivado jamás.* Tristitiae rerum: *tristeza de las cosas. No sé si la frase latina —creo que sí— ha servido de título a algún volumen de versos en aquella época. Las cosas lloran. El mundo llora. Lo que caracteriza a la lírica de ese periodo, es ese dejo pronunciado de melancolía. Desearíamos ahora que tan bellos versos —los versos de un Francisco Villaespesa, por ejemplo—, no acusaran ese desequilibrio. [...]*

*Sentimos simpatía hacia aquella época del 98 porque era hondamente lírica. El poeta se sentía respetado. No importaban las chanzas frívolas que el llamado «modernismo» inspiraba. Ese regodeo del vulgo era la prueba de que hasta en la misma calle se sabía de los poetas.*

Ese «dejo... de melancolía» es el *mal du siècle* heredado del romanticismo y puesto al día. Es también un dejo preexistencialista o existencialista. Es un timbre poderoso de la voz modernista, pero dista de ser el único. Hay también vitalismo, erotismo —una novedad objetiva—, panteísmo (divinización del mundo), sublimación de la tragedia del mundo en escenarios transidos de hermosura, canto del paisaje y valoración de la naturaleza. La presente antología pretende dar cabida a los mejores o más representativos poetas que dieron respuesta al fin de siglo. El modernismo lírico fue un fin de siglo literario en sí mismo: recogió la herencia de los grandes precursores de la segunda mitad del XIX —Baudelaire, los simbolistas y parnasianos franceses— y llevó hasta sus últimas consecuencias las posibilidades rítmicas y léxicas que admitía la métrica tradicional hasta poner al castellano al borde mismo de las vanguardias: los hexámetros de Rubén Darío y algunos de sus últimos versos (así la *Epístola a la señora de Lugones*) rozan ya el verso libre y el vanguardismo, en el que se adentra algún rezagado como el sevillano Rafael Lasso de la Vega, del que se incluyen aquí varios poemas. Al mismo tiempo el modernismo poético tomó el legado de la herencia del poema en prosa simbolista (Baudelaire, Rimbaud) y lo trasplantó al castellano. En verso y prosa el modernismo lo cambió todo: la prosa española no volvió a ser la misma. De la mano de Valle-Inclán enseñó a escribir al mismo Ortega.

El caso más notorio de tránsito al posmodernismo es el de Juan Ramón Jiménez, que dio en 1916 el golpe de gracia a la que había sido su estética con la escritura del *Diario de un poeta reciencasado,* que incluye, por cierto, una bellísima y emocionada elegía a la muerte de Rubén Darío, encabezada por dos versos del nicaragüense: «Peregrinó mi corazón y trajo / de la sagrada selva la armonía». (Antonio Machado escribiría: «Si era toda en tu verso la armonía del mundo, / ¿dónde fuiste, Darío, la armonía a buscar?»). La armonía de la sagrada selva: perfecta definición de lo que fue la mejor poesía del modernismo. Armonía, ritmo, belleza adentrada en los enigmas mismos de la vida. Del misterio de los cuerpos al misterio de los astros, del misterio de la vida al misterio de la muerte. Cierto: el modernismo no empieza en Rubén. La renovación gradual de nuestra lírica fue un proceso gradual. Valgan los nombres de Ricardo

Gil, Manuel Reina y, antes, el de Bécquer, cuyas innovaciones proceden en parte no pequeña de la influencia francesa: el poema en prosa becqueriano —las leyendas— no se entiende sin el magisterio francés. Pero *oficialmente* es 1888, fecha de la primera edición de *Azul...* —libro de versos y de prosas— el año que da la señal de salida al nuevo movimiento y es 1916, fecha de la muerte del maestro, el año que cierra sustancialmente el ciclo, por más que algunos epígonos, a veces estimables, continuaran alentando algún tiempo todavía.

Estas fechas definen muy bien el «nacimiento», plenitud y declive del modernismo. Son casi las fechas del fin de siglo, tal como se entiende el concepto en términos culturales. Porque no hubo que esperar a 1898 para que empezara el fin de siglo. La cosmovisión positivista y realista se había derrumbado antes. Hasta los maestros realistas (así Galdós) tienden al simbolismo y el esoterismo. Por otra parte, el siglo XIX, en términos culturales, acaba verdaderamente con el atentado de Sarajevo. Entonces es cuando se derrumba de modo definitivo. El París de *El tiempo recobrado* de Proust ninguna relación guarda con el París de preguerra. La orgullosa aristocracia de los Guermantes se ha derrumbado o vuelto irreconocible: madame Verdurin, la burguesa por excelencia, es ya una Guermantes. Leyendo otros libros de la decadencia se advierte el mismo fenómeno: valga *La marcha Radetzky,* de Joseph Roth, y su continuación, tan distinta, en *La cripta de los capuchinos*; valga *El rey de las Dos Sicilias,* del polaco Andrzej Kuśniewicz; valga, en fin, *Las tribulaciones del joven*

*Törless*, de Robert Musil. El atentado de Sarajevo, como puede comprobarse en todos estos títulos, fue el detonante que hizo saltar por los aires la cultura finisecular.

Todos los poetas incluidos en esta antología respondieron, a su manera, a la crisis del fin de siglo. Podrían haber sido más; he querido ofrecer sólo los más destacados. Cronológicamente cabe señalar dos promociones diferenciadas. La primera abarca a Salvador Rueda, Miguel de Unamuno, Ramón del Valle-Inclán y Rubén Darío, que nacen entre 1857 y 1867. La segunda comprende a los hermanos Machado, Francisco Villaespesa, Juan Ramón Jiménez, Tomás Morales, Fernando Fortún y Rafael Lasso de la Vega, nacidos entre 1874 y 1890. Podrá objetarse que los tres últimos eran unos niños cuando se produce la crisis colonial (1895 - 1902), pero siguen siendo poetas del fin de siglo, en el sentido amplio y a la vez riguroso que hemos definido. De hecho, en Fortún, más que en ningún otro, y en Lasso de la Vega, resulta particularmente intenso el extremo decadentismo, paralelo al de los *crepuscolari* italianos.

Poetas del fin de siglo pasado, poetas de un fin de siglo. Ninguno de los poemas aquí seleccionados es posterior a 1914. En el caso de Rubén Darío, por ejemplo, la precisión carece de importancia, pero sí la posee hablando de los hermanos Machado o de Juan Ramón Jiménez, que desarrollaron una obra posterior considerable. Poetas de un fin de siglo, y muy diversos: aquí están reunidas la voz brillante, plástica y a veces avulgarada de Salvador Rueda; la voz de foso iluminado de Miguel de Unamuno; la

18

primera voz preciosista y galaica de Valle-Inclán; la voz todopoderosa, madre y mágica de Rubén Darío; la voz elegante y como en arabesco de Manuel Machado; la voz ultrarreal y castellana de su hermano Antonio; la voz delicada, y no siempre oída con atención, de Francisco Villaespesa; la voz impecable, fundadora y numerosa de Juan Ramón Jiménez; la voz rotunda y elegíaca de Tomás Morales; la voz atardecida de Fernando Fortún y, en fin, la voz machadiana, y ya quebrada hacia la vanguardia, del sevillano Rafael Lasso de la Vega. Un puñado de poetas y poemas que, en sus mejores momentos, elevan la poesía de nuestra lengua a la cima de la felicidad.

MIGUEL GARCÍA-POSADA
Primavera de 1998

**SALVADOR RUEDA**
(1857 - 1933)

## SALVADOR RUEDA

El malagueño Salvador Rueda fue uno de los más genuinos precursores del modernismo. Llegó a alcanzar gran popularidad, aunque murió olvidado. Federico García Lorca lo leyó mucho, y Rafael Alberti rehabilitó su memoria poética con la antología que le dedicó en su destierro argentino. Cristóbal Cuevas editó en 1989 una abundante selección: *Gran antología*, en tres volúmenes.

# INRI *

A *la patria*

No hay vida en los pechos,
ni febril entusiasmo en las almas;
ya no eres la reina
divina del mapa;
ya eres osamenta que roen los perros
que criaron tu mismas entrañas.
No en loco tumulto
tus cincuenta provincias se alzan,
desbordadas de hirviente vehemencia,
cual cincuenta montones de llamas.
No aviva el orgullo
las lívidas caras,
saliendo en torrentes de luz por los ojos,
ni las manos convulsas estallan,
como recrujientes olivos al fuego,
como restallantes brazados de cañas.
Róete sin tregua
tu propia bandada;
el frío parásito que bebe en tus venas;
la mosca que abreva en tu cara;
la serpiente sin ruido que, pérfida,

_____

* Escrita al perder España sus colonias.

te ciñe y te ata,
estrechando en sus torvos anillos
tus sienes doradas;
el sapo que vive en tu boca,
y en su hueco, mefítico, canta;
el reptil que en tus secos oídos
acopla su cama;
todos los vampiros
chupan de la patria;
todos la aniquilan
y la despedazan,
y se la reparten, como las hormigas
que a trozos su víctima arrastran.
Aplicando el oído a sus tuétanos,
un interno rumor se levanta
de activos gusanos, que la podredumbre
degluten ansiosos, se pliegan y alargan;
y dentro del cóncavo
de los huesos exánimes, pasa
un lamento terrible, el lamento
sublime de España,
que solloza en medio de la gusanera
que remueve sus líneas sagradas.
Ya no eres la diosa divina del mundo,
nación legendaria,
que has parido más reinos que tiene
luceros la noche estrellada;
un abrazo de innúmeras víboras
bambolea tu tronco y tus ramas,
y un son, como un trueno de siglos, tu frente
al dar contra el suelo, levanta.
Sobre tus ramajes,

fieras hunden sus filos las hachas,
como dan sobre el pino del monte,
que el rayo desgaja,
de los leñadores los duros aceros,
haciendo en astillas saltar sus entrañas.
Un abrazo inmenso de víboras negras
al suelo ha tirado tus frondas, ¡oh patria!,
y todos tus hijos, como leñadores,
al árbol caído se agarran,
y cortan tus nervios membrudos,
y amputan tu fronda lozana,
y arrancan de cuajo tus nidos
donde el día novísimo canta,
dejando tu tronco
que, lúgubre, sangra,
donde aún pegan las hachas, bajando
tras de las raíces engarabitadas.
¿Qué sentencia implacable te trajo
a ese estercolero, magnífica raza,
como Job maniatado, a quien comen
gusanos y zarpas,
sin que te revuelvas con gritos inmensos,
y en pie te levantes, blandiendo tu maza,
que abrió cien mil brechas en tiempos heroicos,
como un resonante clamor de la *Ilíada?*
Tatuajes de lepra te cubren;
en tu carne los piojos escarban;
la gangrena ya tiene tu cuerpo
teñido de estrías moradas;
te echa abajo el horrendo escorbuto
islas, reinos, jirones de mapa;
y, entre los andrajos colgantes que llevas,

25

igual que banderas rasgadas,
te ruedan, ¡oh madre divina!,
los hilos de lágrimas.
¡Oh ciega, que tuvo retinas de soles!
¡Oh coja, que el mundo tapó con su planta!
¡Oh tullida, que en alto sostuvo
un haz de hemisferios y razas!
Madre combatida,
que ves a tus hijos mancharte las canas,
que ves a tus hijos roerte los huesos,
como codiciosos podencos de caza:
¿Dónde de Isaías
están las palabras,
las tremendas palabras de fuego,
los coléricos gritos de llamas,
las imprecaciones de lívida lumbre,
cual flechas de brasas,
que aniquilen tus crías de cuervos
que, los ojos royéndote, graznan?
Levanta tu frente cargada de trombas,
reviente tu pecho en borrascas,
eleve tu mano por hacha el Vesubio
que ciudades enteras arrasa,
y alumbre tu antorcha terrible
frentes derribadas,
troncos esparcidos,
báculos y aras,
el estercolero que pudre tu cuerpo,
y el estercolero que pudre tu alma.
Cristo mismo al ejemplo te invita;
de la cruz, terrible, sus manos desclava,
viste por relámpago la ardiente armadura,

coge la rodela, cíñese la espada,
a los mercaderes arroja del templo,
llega hasta el cenáculo febril de la plaza,
arenga con rayos a la muchedumbre,
y, alzando la altiva bandera de España,
dice en grito inmenso con voz de caudillo:
—¡Traición, a las armas!

## DISCURSO DE AFRODITA

Si Venus Afrodita hablase un día,
dijera así: «Sed, pechos maternales,
sagrados y serenos manantiales
de paz, de amor, de leche y de poesía.

Sed, caderas que iguala la armonía,
santo molde de razas inmortales;
sed, labios, aromáticos panales,
donde los besos zumben de alegría.

Sed, manos, como rayos de luz pura,
que, donde toquen, viertan la hermosura;
sed, amplias frentes, llamas generosas.

Y sed, ojos de vivos resplandores,
ríos de luz, de músicas y flores,
que entero el mundo coronéis de rosas».

# LEJANO AMOR...

Mujer de luz, mujer idealizada,
que apagaste tu lámpara de oro:
Aún pienso ver la escarcha de tu lloro,
dentro de tu ataúd amortajada.

Vuelve a surgir, de gloria coronada;
sal otra vez del mármol incoloro,
llena de luz; como una desposada,
yo te amo, yo te vivo, yo te adoro.

Tu carne fue de nardos y panales,
floreciente entre sábanas nupciales;
resucita, yo te amo, yo te quiero.

Dame tu boca en flor, esposa mía,
y tu seno, que hierve en armonía,
lo mismo que un enjambre en un romero.

# MUJER DE ESPIGAS
## III

Los grandes bueyes bíblicos, lo mismo que bisontes,
arrastran las carretas de mieses estivales,
y un jaspeado inmenso de púrpuras triunfales
tienden las amapolas, llegando hasta los montes.

Limita una cadena de cúspides bifrontes
la sábana crujiente de espléndidos trigales,
e, igual que un gran Atlántico de espigas musicales,
tiembla el paisaje, y llena de luz los horizontes.

Rut, la de claros senos cual dos panes dorados,
cual dos rubios copones, de sol empavonados,
maneja un rayo combo por hoz de luz bizarra.

Y, mientras siega el trigo que junta en haces plenos,
le zumba entre los arcos gloriosos de los senos,
como si el sol cantase, la voz de una cigarra.

# TU CARNE

Está tu carne, de ágata y de rosa,
donde el sol con la nieve se combina,
dotada de una luz casi divina,
casi extrahumana y casi milagrosa.

Tiene ideal traslucidez preciosa
que, cual racimo de oro, te ilumina,
y en tu cutis de leche se adivina
sangre de fresas pura y ruborosa.

Tu seno en flor, de redondez de astro,
es una clara piedra de alabastro,
que deja ver transparentarse el día.

Como a santo cristal, sin mancha alguna,
a él me asomé para mirar la luna,
e igual que tras de un ámbar la veía...

# LA LÁMPARA DE LA POESÍA

Desde la frente, que es lámpara lírica, desborda su
[acento,
como un aceite de aroma y de gracia, la ardiente
[poesía,
y, a los ensalmos que exhala cantando su fresca
[armonía,
vase llenando de luz inefable la esponja del viento.

Rozan los versos, como alas ungidas de lírico
[ungüento,
sobre las frentes, que se abren cual rosas de blanca
[alegría;
y un abanico de ritmos celestes el aire deslía,
cual si moviera sus plumas de magia de Dios el
[aliento.

Vierte en el aire la lámpara noble sus sones divinos
que, goteantes de sílabas puras, derraman sus trinos
desde el tazón del cerebro de lumbre que canta sonoro.

Y, revolando, las almas acuden de sed abrasadas,
como palomas que beben rocío y ondulan bañadas
en el temblor de la fuente sublime del verso de oro.

# HORA DE FUEGO

Quietud, pereza, languidez, sosiego...
Un sol desencajado el suelo dora,
y, a su valiente luz deslumbradora,
queda el que mira fascinado y ciego.

El mar latino, y andaluz, y griego,
suspira dejos de cadencia mora,
y la jarra gentil, que perlas llora,
se columpia en la siesta de oro y fuego.

Al rojo blanco la ciudad llamea;
ni una brisa los árboles cimbrea
arrancándoles lentas melodías.

Y sobre el tono de ascuas del ambiente
frescas descubren su carmín riente
en sus rasgadas bocas las sandías.

# LA CIGARRA

Canta tu estrofa, cálida cigarra,
y baile al son de tu cantar la mosca,
que ya la sierpe en el zarzal se enrosca,
y, lacia, extiende su verdor la parra.

Desde la yedra que a la vid se agarra,
y en su cortina espléndida te embosca,
recuerda el caño de la fuente tosca
y el fresco muro de la limpia jarra.

No consientan tus élitros fatiga;
canta del campo el productivo costo,
ebria de sol y del trabajo amiga.

Canta y excita al inflamado agosto
a dar el grano de la rubia espiga
y el chorro turbio del ardiente mosto.

# AFRODITA

Venus, la de los senos adorados,
que nutren de vigor savias y rosas;
la que, al mirar, derrama mariposas,
y, al sonreír, florecen los collados;

la que en almas y cuerpos congelados
fecunda vierte llamas generosas,
de Eros a las caricias amorosas,
ostenta sus ropajes cincelados.

Ella es la fuerza viva, el soplo ardiente
de cuanto sueña y goza, piensa y siente;
de cuanto canta y ríe, vibra y ama.

En el niño es candor, eco en la risa;
en el agua canción, beso en la brisa,
ascua en el corazón, flor en la rama.

# LA SANDÍA

Cual si de pronto se entreabriera el día,
despidiendo una intensa llamarada,
por el acero fúlgido rasgada
mostró su carne roja la sandía.

Carmín incandescente parecía
la larga y deslumbrante cuchillada,
como boca encendida y desatada
en frescos borbotones de alegría.

Tajada tras tajada señalando,
las fue el hábil cuchillo separando,
vivas a la ilusión como ningunas.

Las separó la mano de repente,
y de improviso decoró la fuente
un círculo de rojas medias lunas.

# RAMO DE LIRIOS

Porque de ti se vieron adorados,
tengo un vaso de lirios juveniles;
unos visten purezas de marfiles,
los otros terciopelos afelpados.

Flores que sienten, cálices alados
que semejan tener sueños sutiles,
son los lirios, ya blancos y gentiles,
ya como cardenales coagulados.

Cuando la muerte vuelva un ámbar de oro
tus largas manos de ilusión que adoro,
iré lirios en ellas a tejerte.

Y mezclarán sus tallos quebradizos
con tus dedos cruzados y pajizos,
que fingirán los lirios de la muerte.

# MI PATRIA

Riberas desde Nerja hasta Estepona,
costas que encierran mi niñez, mi vida:
¡Con qué esplendor en vuestra mar bruñida
destrenza el sol la luz de su corona!

Un himno grande vuestra tierra entona,
que recogí en el alma estremecida,
viendo el tumbo del agua sacudida,
que en las peñas sus lirios desmorona.

Todo es en ti soberbia, patria amante;
sobre tu costa, el cielo rutilante
de luz se ornó más puro y más bendito.

Y las ondas, que elevas y desmayas,
cantan a Dios rodando por las playas,
como un tropel de lenguas infinito.

# LOS AMORES DEL AGUA

Velos, risas, amor, palpitaciones...
dentro del lago hay nupcias vegetales;
forman un pavimento de cristales
las estrellas, haciendo ondulaciones.

Las náyades susurran sus canciones
cual si fuesen las aguas musicales,
y un rayo danza, y tiende en los raudales
ruecas de luz, madejas de ilusiones.

Desposorios de dos flores azules:
ella se abre entre rizos y entre tules;
él procrea, y fenece en la laguna.

Va su signo viril, muerto, flotando;
y al entierro van sílfides remando
en el esquife donde va la Luna.

## «MATER ADMIRABILIS»

Estás en el instante lleno de maravillas
en que se comba el arco glorioso de tu seno,
y en que tus hombros, panes que da el trigo moreno,
reclaman un repique triunfal de campanillas.

La primavera ha dado por gala a tus mejillas
dos claveles-ascuarios, como un acorde pleno,
de olor a fresa y plátano, jazmín, canela y heno,
que enciende y quema, y hace doblar ambas rodillas.

Lo mismo que dos curvas de cálidas palmeras,
se abren en maternales anchuras tus caderas,
para el ángel que, a tiempo, vendrá sin mancha alguna.

Y bajo de tu seno, que temblador se mece,
tu corazón escuchas, y su vibrar parece
el péndulo sagrado del ritmo de la cuna.

# MIGUEL DE UNAMUNO
## (1864 - 1936)

##### Miguel de Unamuno

Aunque poeta tardío –su primer libro de versos, *Poesía,* data de 1907– y menos valorado en vida como lírico que como polemista, ensayista y filósofo, el quehacer poético de Unamuno, pese a ser desigual, alcanza cimas memorables y no cabe separarlo del resto de su complejísima escritura, que lo convierte en una figura mayor de la literatura contemporánea española. La última edición de su poesía completa, en cuatro volúmenes, se debe a Ana Suárez Miramón (1987-1989).

# CREDO POÉTICO

Piensa el sentimiento, siente el pensamiento;
que tus cantos tengan nidos en la tierra,
y que cuando en vuelo a los cielos suban
tras las nubes no se pierdan.

Peso necesitan, en las alas peso,
la columna de humo se disipa entera,
algo que no es música es la poesía,
la pesada sólo queda.

Lo pensado es, no lo dudes, lo sentido.
¿Sentimiento puro? Quien ello crea,
de la fuente del sentir nunca ha llegado
a la vida y honda vena.

No te cuides en exceso del ropaje,
de escultor y no de sastre es tu tarea,
no te olvides de que nunca más hermosa
que desnuda está la idea.

No el que un alma encarna en carne, ten presente,
no el que forma da a la idea es el poeta,
sino que es el que alma encuentra tras la carne,
tras la forma encuentra idea.

De las fórmulas la broza es lo que hace
que nos vele la verdad, torpe, la ciencia;
la desnudas con tus manos y tus ojos
gozarán de su belleza.

Busca líneas de desnudo, que aunque trates
de envolvernos en lo vago de la niebla,
aun la niebla tiene líneas y se esculpe;
ten, pues, ojo, no las pierdas.

Que tus cantos sean cantos esculpidos,
ancla en tierra mientras tanto que se elevan,
el lenguaje es ante todo pensamiento,
y es pensada su belleza.

Sujetemos en verdades del espíritu
las entrañas de las formas pasajeras,
que la Idea reine en todo soberana;
esculpamos, pues, la niebla.


## PARA DESPUÉS DE MI MUERTE

Vientos abismales,
tormentas de lo eterno han sacudido
de mi alma el poso,
y su haz se enturbió con la tristeza
del sedimento.

Turbias van mis ideas,
mi conciencia enlojada,
empañado el cristal en que desfilan
de la vida las formas,
y todo triste,
porque esas heces lo entristecen todo.
Oye tú que lees esto
después de estar yo en tierra,
cuando yo que lo he escrito
no puedo ya al espejo contemplarme;
¡Oye y medita!
Medita, es decir: ¡sueña!
«Él, aquella mazorca
»de ideas, sentimientos, emociones,
»sensaciones, deseos, repugnancias,
»voces y gestos,
»instintos, raciocinios,
»esperanzas, recuerdos,
»y goces y dolores,
»él, que se dijo yo, sombra de vida,
»lanzó al tiempo esta queja
»y hoy no la oye;
»¡es mía ya, no suya!»
Sí, lector solitario, que así atiendes
la voz de un muerto,
tuyas serán estas palabras mías
que sonarán acaso
desde otra boca,
sobre mi polvo
sin que las oiga yo que soy su fuente.
¡Cuando yo ya no sea,
serás tú, canto mío!

¡Tú, voz atada a tinta,
aire encarnado en tierra,
doble milagro,
portento sin igual de la palabra,
portento de la letra,
tú nos abrumas!
¡Y que vivas tú más que yo, mi canto!
¡Oh, mis obras, mis obras,
hijas del alma!
¿por qué no habéis de darme vuestra vida?
¿por qué a vuestros pechos
perpetuidad no ha de beber mi boca?
¡Acaso resonéis, dulces palabras,
en el aire en que floten
en polvo estos oídos,
que ahora están midiéndoos el paso!
¡Oh, tremendo misterio!
En el mar larga estela reluciente
de un buque sumergido;
¡huellas de un muerto!
¡Oye la voz que sale de la tumba
y te dice al oído
este secreto:
«¡Yo ya no soy, hermano!».
Vuelve otra vez, repite:
«¡Yo ya no soy hermano!
»Yo ya no soy; mi canto sobrevíveme
»y lleva sobre el mundo
»la sombra de mi sombra,
»mi triste nada!».
¿Me oyes tú, lector?, yo no me oigo,
y esta verdad trivial, y que por serlo

la dejamos caer como la lluvia,
es lluvia de tristeza,
es gota del océano
de la amargura.
¿Dónde irás a podrirte, canto mío?
¿en qué rincón oculto
darás tu último aliento?
¡Tú también morirás, morirá todo,
y en silencio infinito
dormirá para siempre la esperanza!


## CASTILLA


Tú me levantas, tierra de Castilla,
en la rugosa palma de tu mano,
al cielo que te enciende y te refresca,
al cielo, tu amo.

Tierra nervuda, enjuta, despejada,
madre de corazones y de brazos,
toma el presente en ti viejos colores
del noble antaño.

Con la pradera cóncava del cielo
lindan en torno tus desnudos campos,
tiene en ti cuna el sol y en ti sepulcro
y en ti santuario.

Es todo cima tu extensión redonda
y en ti me siento al cielo levantado,
aire de cumbre es el que se respira
aquí, en tus páramos.

¡Ara gigante, tierra castellana,
a ese tu aire soltaré mis cantos,
si te son dignos bajarán al mundo
desde lo alto!


## EL MAR DE ENCINAS


En este mar de encinas castellano
los siglos resbalaron con sosiego
lejos de las tormentas de la historia,
lejos del sueño

que a otras tierras la vida sacudiera;
sobre este mar de encinas tiende el cielo
su paz engendradora de reposo,
su paz sin tedio.

Sobre este mar que guarda en sus entrañas
de toda tradición el manadero
esperan una voz de hondo conjuro
largos silencios.

Cuando desuella estío la llanura,
cuando la pela el rigoroso invierno,
brinda al azul el piélago de encinas
su verde viejo.

Como los días, van sus recias hojas
rodando una tras otra al pudridero
y siempre verde el mar, de lo divino
nos es espejo.

Su perenne verdura es de la infancia
de nuestra tierra, vieja ya, recuerdo
de aquella edad en que esperando al hombre
se henchía el seno

de regalados frutos. Es su calma
manantial de esperanza eterna eterno.
Cuando aún no nació el hombre él verdecía
mirando al cielo.

Y le acompaña su verdura grave
tal vez hasta dejarle en el lindero
en que roto ya el viejo, nazca al día
un hombre nuevo.

Es su verdura flor de las entrañas
de esta rocosa tierra, toda hueso,
es flor de piedra su verdor perenne
pardo y austero.

Es, todo corazón, la noble encina
floración secular del noble suelo

que, todo corazón de firme roca,
brotó del fuego

de las entrañas de la madre tierra.
Lustrales aguas le han lavado el pecho
que hacia el desnudo cielo alza desnudo
su verde vello.

Y no palpita, aguarda en un respiro
de la bóveda toda el fuerte beso,
a que el cielo y la tierra se confundan
en lazo eterno.

Aguarda el día del supremo abrazo
con un respiro poderoso y quieto
mientras, pasando, mensajeras nubes
templan su anhelo.

Es este mar de encinas castellano
vestido de su pardo verde viejo
que no deja, del pueblo a que cobija
místico espejo.

*Zamora, 13 de septiembre, 1906*

# SALAMANCA

Alto soto de torres que al ponerse
tras las encinas que el celaje esmaltan
dora a los rayos de su lumbre el padre
Sol de Castilla;

bosque de piedras que arrancó la historia
a las entrañas de la tierra madre,
remanso de quietud, yo te bendigo,
¡mi Salamanca!

Miras a un lado, allende el Tormes lento,
de las encinas el follaje pardo
cual el follaje de tu piedra, inmoble,
denso y perenne.

Y de otro lado, por la calva Armuña,
ondea el trigo, cual tu piedra, de oro,
y entre los surcos al morir la tarde
duerme el sosiego.

Duerme el sosiego, la esperanza duerme
de otras cosechas y otras dulces tardes,
las horas al correr sobre la tierra
dejan su rastro.

Al pie de tus sillares, Salamanca,
de las cosechas del pensar tranquilo
que año tras año maduró en tus aulas,
duerme el recuerdo.

Duerme el recuerdo, la esperanza duerme
y es el tranquilo curso de tu vida
como el crecer de las encinas, lento,
lento y seguro.

De entre tus piedras seculares, tumba
de remembranzas del ayer glorioso,
de entre tus piedras recogió mi espíritu
fe, paz y fuerza.

En este patio que se cierra al mundo
y con ruinosa crestería borda
limpio celaje, al pie de la fachada
que de plateros

ostenta filigranas en la piedra,
en este austero patio, cuando cede
el vocerío estudiantil, susurra
voz de recuerdos.

En silencio fray Luis quédase solo
meditando de Job los infortunios,
o paladeando en oraciones los dulces
nombres de Cristo.

Nombres de paz y amor con que en la lucha
buscó conforte, y arrogante luego

a la brega volvióse amor cantando,
paz y reposo.

La apacibilidad de tu vivienda
gustó, andariego soñador, Cervantes,
la voluntad le enhechizaste y quiso
volver a verte.

Volver a verte en el reposo quieta,
soñar contigo el sueño de la vida,
soñar la vida que perdura siempre
sin morir nunca.

Sueño de no morir es el que infundes
a los que beben de tu dulce calma,
sueño de no morir ese que dicen
culto a la muerte.

En mí florezcan cual en ti, robustas,
en flor perduradora las entrañas
y en ellas talle con seguro toque
visión del pueblo.

Levántense cual torres clamorosas
mis pensamientos en robusta fábrica
y asiéntese en mi patria para siempre
la mi Quimera.

Pedernoso cual tú sea mi nombre
de los tiempos la roña resistiendo,
y por encima al tráfago del mundo
resuene limpio.

Pregona eternidad tu alma de piedra
y amor de vida en tu regazo arraiga,
amor de vida eterna, y a su sombra
amor de amores.

En tus callejas que del sol nos guardan
y son cual surcos de tu campo urbano,
en tus callejas duermen los amores
más fugitivos.

Amores que nacieron como nace
en los trigales amapola ardiente
para morir antes de la hoz, dejando
fruto de sueño.

El dejo amargo del Digesto hastioso
junto a las rejas se enjugaron muchos,
volviendo luego, corazón alegre,
a nuevo estudio.

De doctos labios recibieron ciencia
mas de otros labios palpitantes, frescos,
bebieron del Amor, fuente sin fondo,
sabiduría.

Luego en las tristes aulas del Estudio,
frías y oscuras, en sus duros bancos,
aquietaron sus pechos encendidos
en sed de vida.

Como en los troncos vivos de los árboles
de las aulas así en los muertos troncos

grabó el Amor por manos juveniles
su eterna empresa.

Sentencias no hallaréis del Triboniano,
del Peripato no veréis doctrina,
ni aforismos de Hipócrates sutiles,
jugo de libros.

Allí Teresa, Soledad, Mercedes,
Carmen, Olalla, Concha, Blanca o Pura,
nombres que fueron miel para los labios,
brasa en el pecho.

Así bajo los ojos la divisa
del amor, redentora del estudio,
y cuando el maestro calla, aquellos bancos
dicen amores.

Oh, Salamanca, entre tus piedras de oro
aprendieron a amar los estudiantes
mientras los campos que te ciñen daban
jugosos frutos.

Del corazón en las honduras guardo
tu alma robusta; cuando yo me muera
guarda, dorada Salamanca mía,
tú mi recuerdo.

Y cuando el sol al acostarse encienda
el oro secular que te recama,
con tu lenguaje, de lo eterno heraldo,
di tú que he sido.

# LA TORRE DE MONTERREY

*A la luz de la Luna*

Torre de Monterrey, cuadrada torre,
que miras desfilar hombres y días,
tú me hablas del pasado y del futuro
Renacimiento.

De día el Sol te dora y a sus rayos
se aduermen tus recuerdos vagarosos,
te enjalbega la Luna por las noches
y se despiertan.

Velas tú por el día, enajenada,
confundida en la luz que en sí te sume,
y en las oscuras noches te sumerges
en la inconciencia.

Mas la Luna en unción dulce al tocarte
despiertas de la muerte y de la vida,
y en lo eterno te sueñas y revives
en tu hermosura.

¡Cuántas noches, mi torre, no te he visto
a la unción de la Luna melancólica
despertar en mi pecho los recuerdos
de tras la vida!

De la Luna la unción por arte mágica
derrite la materia de las cosas,
y su alma queda así, flotante y libre,
libre en el sueño.

Renacer me he sentido a tu presencia,
torre de Monterrey, cuando la Luna
de tus piedras los sueños libertaba
y ellas cedían.

Y un mundo inmaterial, todo de sueño,
de libertad, de amor, sin ley de piedra,
mundo de luz de luna confidente
soñar me hiciste.

Torre de Monterrey, dime, mi torre,
¿tras de la muerte el Sol brutal se oculta
o es la Luna, la Luna compasiva,
del sueño madre?

¿Es ley de piedra o libertad de ensueño
lo que al volver las almas a encontrarse
las unirá para formar la eterna
torre de gloria?

Torre de Monterrey, soñada torre,
que mis ensueños madurar has visto,
tú me hablas del pasado y del futuro
Renacimiento.

*1906*

# SALMO I

Éxodo, XXXIII, 20

Señor, Señor, ¿por qué consientes
que te nieguen ateos?
¿Por qué, Señor, no te nos muestras
sin velos, sin engaños?
¿Por qué, Señor, nos dejas en la duda,
duda de muerte?
¿Por qué te escondes?
¿Por qué encendiste en nuestro pecho el ansia
de conocerte,
el ansia de que existas,
para velarte así a nuestras miradas?
¿Dónde estás, mi Señor; acaso existes?
¿Eres Tú creación de mi congoja,
o lo soy tuya?
¿Por qué, Señor, nos dejas
vagar sin rumbo
buscando nuestro objeto?
¿Por qué hiciste la vida?
¿Qué significa todo, qué sentido
tienen los seres?
¿Cómo del poso eterno de las lágrimas,
del mar de las angustias,
de la herencia de penas y tormentos
no has despertado?

Señor, ¿por qué no existes?,
¿dónde te escondes?
Te buscamos y te hurtas,
te llamamos y callas,
te queremos y Tú, Señor, no quieres
decir: ¡vedme, mis hijos!
Una señal, Señor, una tan sólo,
una que acabe
con todos los ateos de la tierra;
una que dé sentido
a esta sombría vida que arrastramos.
¿Qué hay más allá, Señor, de nuestra vida?
Si Tú, Señor, existes,
¡di por qué y para qué, di tu sentido!
¡di por qué todo!
¿No pudo bien no haber habido nada
ni Tú, ni mundo?
¡Di el porqué del porqué, Dios de silencio!
Está en el aire todo,
no hay cimiento ninguno
y todo vanidad de vanidades.
«¡Coge el día!», nos dice
con mundano saber aquel romano
que buscó la virtud fuera de extremos,
medianía dorada
e ir viviendo... ¿qué vida?
«¡Coge el día!» y nos coge
ese día a nosotros,
y así esclavos del tiempo nos rendimos.
¿Tú, Señor, nos hiciste
para que a Ti te hagamos,
o es que te hacemos

para que Tú nos hagas?
¿Dónde está el suelo firme, dónde?
¿Dónde la roca de la vida, dónde?
¿Dónde está lo absoluto?
¡Lo absoluto, lo suelto, lo sin traba
no ha de entrabarse
ni al corazón ni a la cabeza nuestras!
Pero... ¿es que existe?
¿Dónde hallaré sosiego?
¿dónde descanso?
¡Fantasma de mi pecho dolorido;
proyección de mi espíritu al remoto
más allá de las últimas estrellas;
mi yo infinito;
sustanciación del eternal anhelo;
sueño de la congoja;
Padre, Hijo del alma;
oh Tú, a quien negamos afirmando
y negando afirmamos
dinos si eres!
¡Quiero verte, Señor, y morir luego,
morir del todo;
pero verte, Señor, verte la cara,
saber que eres!
¡saber que vives!
¡Mírame con tus ojos,
ojos que abrasan;
mírame y que te vea!
¡que te vea, Señor, y morir luego!
Si hay un Dios de los hombres,
¿el más allá, qué nos importa, hermanos?
¡Morir para que Él viva,

para que Él sea!
Pero, Señor, «¡yo soy!» dinos tan sólo,
dinos «yo soy» para que en paz muramos,
no en soledad terrible,
sino en tus brazos!
Pero dinos que eres,
¡sácanos de la duda
que mata al alma!
Del Sinaí desgarra las tinieblas
y enciende nuestros rostros,
como a Moisés el rostro le encendiste;
baja, Señor, a nuestro tabernáculo,
rompe la nube,
desparrama tu gloria por el mundo
y en ella nos anega;
¡que muramos, Señor, de ver tu cara,
de haberte visto!
«Quien a Dios ve, se muere»
dicen que has dicho Tú. Dios de silencio;
¡que muramos de verte
y luego haz de nosotros lo que quieras!
¡Mira, Señor, que va a rayar el alba
y estoy cansado de luchar contigo
como Jacob lo estuvo!
¡Dime tu nombre!
¡tu nombre, que es tu esencia!
¡dame consuelo!
¡dime que eres!
¡Dame, Señor, tu espíritu divino,
para que al fin te vea!
El espíritu todo lo escudriña,
aun de Dios lo profundo.

Tú sólo te conoces,
Tú sólo sabes que eres.
Decir «¡yo soy!» ¿quién puede a boca llena
si no Tú solo?
¡Dinos «¡yo soy!», Señor, que te lo oigamos,
sin velo de misterio
sin enigma ninguno!
Razón de Universo, ¿dónde habitas?
¿por qué sufrimos?
¿por qué nacemos?
Ya de tanto buscarte
perdimos el camino de la vida,
el que a Ti lleva
si es, ¡oh mi Dios!, que vives.
Erramos sin ventura,
sin sosiego y sin norte,
perdidos en un nudo de tinieblas,
con los pies destrozados,
manando sangre,
desfallecido el pecho,
y en él el corazón pidiendo muerte.
Ve, ya no puedo más, de aquí no paso,
de aquí no sigo,
yo ya no puedo más, ¡oh Dios sin nombre!
Ya no te busco,
ya no puedo moverme, estoy rendido;
aquí, Señor, te espero,
aquí te aguardo,
en el umbral tendido de la puerta
cerrada con tu llave.
Yo te llamé, grité, lloré afligido,
te di mil voces;

llamé y no abriste,
no abriste a mi agonía;
aquí, Señor, me quedo,
sentado en el umbral como un mendigo
que aguarda una limosna;
aquí te aguardo.
Tú me abrirás la puerta cuando muera,
la puerta de la muerte,
y entonces la verdad veré de lleno,
sabré si Tú eres
o dormiré en tu tumba.

## AL NIÑO ENFERMO

> *Duerme, niño chiquito,*
> *que viene el Coco,*
> *a llevarse a los niños*
> *que duermen poco.*
>
> POPULAR

Duerme, flor de mi vida,
duerme tranquilo,
que es del dolor el sueño
tu único asilo.

Duerme, mi pobre niño,
goza sin duelo
lo que te da la Muerte
como consuelo.

Como consuelo y prenda
de su cariño,
de que te quiere mucho,
mi pobre niño.

Pronto vendrá con ansia
de recogerte
la que te quiere tanto,
la dulce Muerte.

Dormirás en sus brazos
el sueño eterno,
y para ti, mi niño,
no habrá ya invierno.

No habrá invierno ni nieve,
mi flor tronchada;
te cantará en silencio
dulce tonada.

¡Oh, qué triste sonrisa
riza tu boca!...
Tu corazón acaso
su mano toca.

¡Oh, qué sonrisa triste
tu boca riza!
¿Qué es lo que en sueños dices
a tu nodriza?

A tu nodriza eterna
siempre piadosa,

la Tierra en que en paz santa
todo reposa.

Cuando el sol se levante,
mi pobre estrella,
derretida en el alba
te irás con ella.

Morirás con la aurora,
flor de la muerte;
te rechaza la vida,
¡qué hermosa suerte!

El sueño que no acaba
duerme tranquilo,
que es del dolor la muerte
tu único asilo.

1900


## EN LA MUERTE DE UN HIJO

Abrázame, mi bien, se nos ha muerto
el fruto del amor;
abrázame, el deseo está a cubierto
en surco de dolor.

Sobre la huesa de ese bien perdido
que se fue a todo ir,

65

la cuna rodará del bien nacido,
del que está por venir.

Trueca en cantar los ayes de tu llanto,
la muerte dormirá;
rima en endecha tu tenaz quebranto,
la vida tornará.

Lava el sudario y dale sahumerio,
pañal de sacrificio,
pasará de un misterio a otro misterio,
llenando santo oficio.

Que no sean lamentos del pasado,
del porvenir conjuro,
brizen, más bien, su sueño sosegado
hosanas al futuro.

Cuando al ponerse el sol te enlute el cielo
con sangriento arrebol,
piensa, mi bien: «A esta hora de mi duelo
para alguien sale el sol».

Y cuando vierta sobre ti su río
de luz y de calor,
piensa que habrá dejado oscuro y frío
algún rincón de amor.

Es la rueda: día, noche; estío, invierno;
la rueda: vida, muerte...
sin cesar así rueda, en curso eterno,
¡tragedia de la suerte!

Esperando al final de la partida,
damos pasto al anhelo,
con cantos a la muerte henchir la vida,
tal es nuestro consuelo.


## MUERTE

*To die, to sleep..., to sleep...*
*perchance to dream.*

Hamlet, acto III, escena IV


Eres sueño de un dios; cuando despierte
¿al seno tornarás de que surgiste?
¿serás al cabo lo que un día fuiste?
¿parto de desnacer será tu muerte?

¿El sueño yace en la vigilia inerte?
Por dicha aquí el misterio nos asiste;
para remedio de la vida triste,
secreto inquebrantable es nuestra suerte.

Deja en la niebla hundido tu futuro
y ve tranquilo a dar tu último paso,
que cuando menos luz, vas más seguro.

¿Aurora de otro mundo es nuestro ocaso?
Sueña, alma mía, en tu sendero oscuro:
«¡Morir... dormir... dormir... soñar acaso!».

*1901*

# PASARON COMO PASAN POR LA CUMBRE...

Pasaron como pasan por la cumbre
regazadas las nubes del estío
sin dejar en los riscos el rocío
de sus pechos; pasaron, y la lumbre

del sol, desenvainada, pesadumbre
para su frente fue; lejos, el río
por la fronda velado, a mi desvío
cantando reclamaba a la costumbre.

De la montaña al pie verdeaba el valle
del sosiego en eterna primavera,
rompía entre sus árboles la calle

pedregosa que sube a la cantera,
y era el del río el susurrar del dalle
de la muerte segando en la ribera.

*Bilbao, septiembre, 1910*

## LA ORACIÓN DEL ATEO

Oye mi ruego Tú, Dios que no existes,
y en tu nada recoge estas mis quejas,
Tú que a los pobres hombres nunca dejas
sin consuelo de engaño. No resistes

a nuestro ruego y nuestro anhelo vistes.
Cuando Tú de mi mente más te alejas,
más recuerdo las plácidas consejas,
con que mi ama endulzóme noches tristes.

¡Qué grande eres, mi Dios! Eres tan grande
que no eres sino Idea; es muy angosta
la realidad por mucho que se expande

para abarcarte. Sufro yo a tu costa,
Dios no existente, pues si Tú existieras
existiría yo también de veras.

*Salamanca, 26 de septiembre, 1910*

# EN MI CUADRAGESIMOSEXTO
## CUMPLEAÑOS

Ahora, que ya por fin gané la cumbre,
a mis ojos la niebla cubre el valle
y no distingo a dónde va la calle
de mi descenso. Con la pesadumbre

de los agüeros vuelvo hacia la lumbre
que mengua la mirada. Que se acalle
te pido esta mi ansión y que tu dalle
siegue al cabo, Señor, toda mi herrumbre.

Cuando puesto ya el sol contra mi frente
me amaguen de la noche las tinieblas,
Tú, Señor de mis años, que clemente

mis esperanzas con recuerdos pueblas,
confórtame al bajar de la pendiente;
de las nieblas salí, vuelvo a las nieblas.

*Salamanca, 29 de septiembre, 1910*

## EN LA MANO DE DIOS

*Na mâo de Deus, na sua mâo direita.*
ANTERO DE QUENTAL: *Soneto*

Cuando, Señor, nos besas con tu beso
que nos quita el aliento, el de la muerte,
el corazón bajo el aprieto fuerte
de tu mano derecha queda opreso.

Y en tu izquierda, rendida por su peso
quedando la cabeza, a que revierte
el sueño eterno, aun lucha por cogerte
al disiparse su angustiado seso.

Al corazón sobre tu pecho pones
y como en dulce cuna allí reposa
lejos del recio mar de las pasiones,

mientras la mente, libre de la losa
del pensamiento, fuente de ilusiones,
duerme al sol en tu mano poderosa.

*Salamanca, 17 de octubre, 1910*

# A MI BUITRE

Este buitre voraz de ceño torvo
que me devora las entrañas fiero
y es mi único constante compañero
labra mis penas con su pico corvo.

El día en que le toque el postrer sorbo
apurar de mi negra sangre, quiero
que me dejéis con él solo y señero
un momento, sin nadie como estorbo.

Pues quiero, triunfo haciendo mi agonía
mientras él mi último despojo traga,
sorprender en sus ojos la sombría

mirada al ver la suerte que le amaga
sin esta presa en que satisfacía
el hambre atroz que nunca se le apaga.

*Salamanca, 26 de octubre, 1910*

## DOLOR COMÚN

Cállate, corazón, son tus pesares
de los que no deben decirse, deja
se pudran en tu seno; si te aqueja
un dolor de ti solo no acibares

a los demás la paz de sus hogares
con importuno grito. Esa tu queja,
siendo egoísta como es, refleja
tu vanidad no más. Nunca separes

tu dolor del común dolor humano,
busca el íntimo aquel en que radica
la hermandad que te liga con tu hermano.

El que agranda la mente y no la achica;
solitario y carnal es siempre vano;
sólo el dolor común nos santifica.

*Salamanca, 12 de noviembre, 1910*

# DULCE SILENCIOSO PENSAMIENTO

*Swet silent thought.*
<small>SHAKESPEARE:</small> *Sonnet XXX*

En el fondo las risas de mis hijos;
yo sentado al amor de la camilla;
Heródoto me ofrece rica cilla
del eterno saber y entre acertijos

de la Pitia venal, cuentos prolijos,
realce de la eterna maravilla
de nuestro sino. Frente a mí, en su silla,
ella cose y teniendo un rato fijos

mis ojos de sus ojos en la gloria
digiero los secretos de la historia,
y en la paz santa que mi casa cierra,

al tranquilo compás de un quieto aliento,
ara en mí, como un manso buey la tierra,
el dulce silencioso pensamiento.

*Salamanca, 10 de diciembre, 1910*

# RAMÓN DEL VALLE-INCLÁN
## (1866 - 1936)

RAMÓN DEL VALLE-INCLÁN

El mayor prosista del modernismo, el genial renovador de la novela y el teatro contemporáneos, el, para algunos, extravagante ciudadano, que todo lo sacrificó a la consecución de la obra perfecta, quien es sin duda uno de los más grandes escritores de la lengua, fue también un muy estimable poeta, aunque lo fuese de reducida obra. De su libro más modernista, *Aromas de leyenda,* proceden los poemas que se seleccionan.

# MILAGRO DE LA MAÑANA

Tañía una campana
en el azul cristal
de la paz aldeana.

Oración campesina
que temblaba en la azul
santidad matutina.

Y en el viejo camino
cantaba un ruiseñor,
y era de luz su trino.

La campana de aldea
le dice con su voz,
al pájaro, que crea.

La campana aldeana
en la gloria del sol
era alma cristiana.

Al tocar esparcía
aromas del rosal
de la Virgen María.

¡TES NO TEU PITEIRO,
PAXARIÑO NOVO,
GRACIA DE GAITEIRO!


## GEÓRGICA


Húmeda de rocío despierta la campana
en los azules cristalinos de la mañana.
Y por las viejas sendas van a las sementeras
los tardos labradores, camino de las eras,
en tanto que su vuelo alza la cotovía
a la luna, espectral en el alba del día.

Molinos picarescos, telares campesinos,
cantan el viejo salmo del pan y de los linos,
y el agua que en la presa platea sus cristales,
murmura una oración entre los maizales,
y las ruedas temblonas, como abuelas cansadas,
loan del tiempo antiguo virtudes olvidadas.

Dice la lanzadera el olor del ropero,
donde se guarda el lino, el buen lino casero,
y el molino complica con la vid de su entrada
campesinos enigmas de la Historia Sagrada;
bajo la parra canta el esponsal divino
de la sangre y la carne, la borona y el vino.

El aire se embalsama con aromas de heno,
y los surcos abiertos esperan el centeno,
y en el húmedo fondo de los verdes herbales,
pacen vacas bermejas, entre niños zagales,
cuando en la santidad azul de la mañana
canta húmeda de aurora la campana aldeana.

ESTABA UNHA POMBA BLANCA
SOBRE UN ROSAL FLORECIDO,
PRA UN ERMITAÑO D'O MONTE
Ó PAN LEVABA NO VICO.


## NO DIGAS DE DOLOR


Hay una casa hidalga
a un lado del camino,
y en el balcón de piedra
que decora la hiedra,
ladra un perro cansino.
¡Ladra a la caravana
que va por el camino!

Duerme la casa hidalga
de un jardín en la sombra.
En aquel jardín viejo
el silencio es consejo,
y la voz nada nombra.

¡El misterio vigila,
sepultado en la sombra!

En el fondo de mirtos
del jardín señorial,
glosa oculta una fuente
el enigma riente
de su alma de cristal.
¡La fuente arrulla el sueño
del jardín señorial!

Y en el balcón de piedra
una niña sonríe
detrás de los cristales,
entre los matinales
oros, que el sol deslíe.
¡Detrás de la vidriera,
la niña se sonríe!...

Los desvalidos hacen
un alto en la mañana.
El dolor pordiosero
gime desde el sendero
la triste caravana.
¡El dolor de nacer
y el de vivir mañana!

¡El dolor de la vida,
que es temor y dolor!...
¡Hermano peregrino
que vas por mi camino,
a los labios en flor

detrás de unos cristales,
no digas de dolor!

FUXE MEU MENIÑO
QUE VOU A CHORAR.
SÉNTATE N'A PORTA,
A VER CHOVISCAR.


## FLOR DE LA TARDE


Por la senda roja, entre maizales,
guían sus ovejas los niños zagales
volteando las hondas con guerrero ardor,
y al flanco caminan, como paladines
del manso rebaño, los fuertes mastines,
albos los colmillos, el ojo avizor.

Tañen las esquilas lentas, soñolientas.
Las ovejas madres acezan sedientas
por la fuente clara de claro cristal.
Y ante el sol que muere, con piafante brío
se yergue en dos patas el macho cabrío,
y un epitalamio reza el maizal.

En el oloroso atrio de la ermita
donde penitente vivió un cenobita,
la fontana late como un corazón.
Y pone en el agua yerbas olorosas

81

una curandera, murmurando prosas
que rezo y conjuro juntamente son.

Como en la leyenda de aquel penitente,
un pájaro canta al pie de la fuente,
de la fuente clara de claro cristal.
¡Cristal de la fuente, trino cristalino,
armoniosamente se unen en un trino,
que aroman las rosas del Santo Grial.

SOBRE SOL E LUA,
VOA UN PAXARIÑO
QUE LEVA UNHA ROSA
A JESÚS MENIÑO.


## AVE SERAFÍN

Bajo la bendición de aquel santo ermitaño
el lobo pace humilde en medio del rebaño,
y la ubre de la loba da su leche al cordero,
y el gusano de luz alumbra el hormiguero,
y hay virtud en la baba que deja el caracol,
cuando va entre la yerba con sus cuernos al sol.

La alondra y el milano tienen la misma rama
para dormir. El búho siente que ama la llama
del sol. El alacrán tiene el candor que aroma,
el símbolo de amor que porta la paloma.

La salamandra cobra virtudes misteriosas
en el fuego, que hace puras todas las cosas:
es amor la ponzoña que lleva por estigma.
Toda vida es amor. El mal es el Enigma.

Arde la zarza adusta en hoguera de amor,
y entre la zarza eleva su canto el ruiseñor,
voz de cristal, que asciende en la paz del sendero
como el airón de plata de un arcángel guerrero,
dulce canto de encanto en jardín abrileño,
que hace entreabrirse la flor azul del ensueño,
la flor azul y mística del alma visionaria
que del ave celeste, la celeste plegaria
oyó trescientos años al borde de la fuente,
donde daba el bautismo a un fauno adolescente,
que ríe todavía, con su reír pagano,
bajo el agua que vierte el Santo con la mano.

El alma de la tarde se deshoja en el viento,
que murmura el milagro con murmullo de cuento.
El ingenuo milagro al pie de la cisterna
donde el pájaro, el alma de la tarde hace eterna...
En la noche estrellada cantó trescientos años
con su hermana la fuente, y hubo otros ermitaños
en la ermita, y el Santo moraba en aquel bien,
que es la gracia de Cristo Nuestro Señor. Amén.

En la luz de su canto alzó el pájaro el vuelo
y voló hacia su nido: una estrella del cielo.
En los ojos del Santo resplandecía la estrella;
se apagó al apagarse la celestial querella.
Lloró al sentir la vida; era un viejo muy viejo;

no se reconoció al verse en el espejo
de la fuente; su Barba, igual que una oración,
al pecho dábale albura de comunión.
En la noche nubaba el Divino Camino.
El camino que enseña su ruta al peregrino.
Volaba hacia el Oriente la barca de cristal
de la luna, alma en pena pálida de ideal,
y para el Santo aún era la luna de aquel día
remoto, cuando al fauno el bautismo ofrecía.

Fueran como un instante, al pasar, las centurias.
El pecado es el tiempo: las furias y lujurias
son las horas del tiempo que teje nuestra vida
hasta morir. La muerte ya no tiene medida:
es noche, toda noche, o amanecer divino
con aromas de nardo y músicas de trino:
un perfume de gracia y luz ardiente y mística,
eternidad sin horas y ventura eucarística.

Una llama en el pecho del monje visionario
ardía, y aromaba como en un incensario:
un fulgor que el recuerdo de la celeste ofrenda
estelaba, con una estela de leyenda.
Y el milagro decía otro fulgor extraño
sobre la ermita donde moraba el ermitaño...

El céfiro, que vuela como un ángel nocturno,
da el amor de sus alas al monte taciturno,
y blanca como un sueño, en la cumbre del
                                    [monte,
el ave de la luz entreabre el horizonte.

Toca al alba en la ermita un fauno la campana.
Una pastora canta en medio del rebaño,
y siente en el jardín del alma, el ermitaño,
abrirse la primera rosa de la mañana.

PAXARIÑO LOURO
GAITERIÑO LINDO,
CÁNTAME NO PEITO
C'O TEÑO FERIDO.

## PÁGINA DE MISAL

¡Ruiseñor! ¡Alondra!... Pájaro riente
que dices tu canto al pie de la fuente,
de la fuente clara, de claro cristal...
Pájaro que dices tu canto, escondido
en el viejo roble de rosas florido,
sobre la vitela del viejo misal.

El misal en donde rezaba aquel santo,
que oía en su rezo el canto de encanto,
del ave celeste, del celeste Abril;
del ave que sabe la áurea letanía,
de Nuestra Señora la Virgen María.
¡Azucena Mística! ¡Torre de Marfil!

Del ave que sabe la ardiente plegaria,
que al santo eremita de alma visionaria

abre la sellada puerta celestial.
Áurea cotovía, que Nuestra Señora
la Virgen, al Niño, le da, cuando llora
desnudo en la cuna de paja trigal.

Y el roble derrama sus ramas añosas,
en donde el milagro florece las rosas,
en la azul penumbra de ideal jardín,
y en la inicial roja, gótica y florida,
el ave modula su canto, prendida.
Áurea cotovía! ¡Ave Serafín!

¡CÁNTAME N'O PEITO,
PAXARIÑO LINDO,
QUE CON JESÚS FALAS
N'O TEU ASOVIÓ!


## SOL DE LA TARDE


Sol de la tarde, hermoso patriarca del cielo,
que la cima del monte besas como un abuelo
que va a morir. La tarde, Bella Samaritana,
te unge de aromas para resucitar mañana.
Y a la sonrisa de la brisa, un laurel rosa
da como una oración su rosa más hermosa.

Sol de la tarde, Augusto Sembrador que el tesoro
de la luz nos envías como un trigo de oro

a la tierra, que tiembla bajo el sagrado vuelo
de la vital simiente que aventas desde el cielo
con tu brazo solemne que al infinito abarca.
¡Augusto Sembrador! ¡Hermoso Patriarca!

Sol de la tarde, buen amigo de los viejos
aldeanos, que dan a los mozos consejos
y dirimen contiendas de riegos y forales
sentados en los poyos que hay bajo los parrales,
como jueces del tiempo en que jueces no había,
y era la tradición toda sabiduría.

Sol de la tarde, que ponías el reflejo
de tu lumbre lejana, como un reír de viejo,
en la torre de aquella casa, nido de hidalgos,
con aroma de mosto en el zaguán y galgos
atados en la puerta. La casa que fue mía,
de donde peregrino y pobre, salí un día.

CANDO O SOL ESMORECÍA
VIN O MOUCHO NUN PENEDO...
¡NON CHE TEÑO MEDO MOUCHO,
MOUCHO NON CHE TEÑO MEDO!

## EN EL CAMINO

Madre, Santa María,
¿en dónde canta el ave
de la esperanza mía?...

Y vi que un peregrino,
bello como Santiago,
iba por mi camino.

Me detuve en la senda,
y respiré el ingenuo
aire de la leyenda.

Y dije mi plegaria,
y mi alma tembló toda
oscura y milenaria.

Seguí adelante... Luego
se hizo luz en la senda,
y volví a quedar ciego.

¡Ciego de luz de aurora
que en su rueca de plata
hila Nuestra Señora!

¡ORBALLIÑO FRESCO,
NAS PALLAS D'O DÍA!
¡ORBALLIÑO, GRACIA
D'A VIRGE MARÍA!

# RUBÉN DARÍO
## (1867 - 1916)

## Rubén Darío

Padre y maestro de la poesía española de este siglo XX, nadie innovó tanto como él, nadie forjó como él un nuevo idioma poético para el castellano. Incorporó una música desconocida al verso castellano y también trajo una inédita visión erótica y metafísica del mundo, propia de un espíritu escindido entre la llamada de la tierra y el terror de la nada. Su poesía completa ha sido editada por Alfonso Méndez Plancarte (1952), Antonio Oliver Belmás (1967) y Ernesto Mejía Sánchez (1977).

# VENUS

En la tranquila noche, mis nostalgias amargas sufría.
En busca de quietud, bajé al fresco y callado jardín.
En el oscuro cielo, Venus bella temblando lucía,
como incrustado en ébano un dorado y divino jazmín.

A mi alma enamorada, una reina oriental parecía
que esperaba a su amante, bajo el techo de su camarín,
o que, llevada en hombros, la profunda extensión
                                        [recorría,
triunfante y luminosa, recostada sobre un palanquín.

«¡Oh reina rubia! —díjele—, mi alma quiere dejar
                                        [su crisálida
y volar hacia ti, y tus labios de fuego besar;
y flotar en el nimbo que derrama en tu frente luz
                                        [pálida,

y en siderales éxtasis no dejarte un momento de amar».
El aire de la noche, refrescaba la atmósfera cálida.
Venus, desde el abismo, me miraba con triste mirar.

# SONATINA

La princesa está triste... ¿Qué tendrá la princesa?
Los suspiros se escapan de su boca de fresa,
que ha perdido la risa, que ha perdido el color.
La princesa está pálida en su silla de oro,
está mudo el teclado de su clave sonoro,
y en un vaso, olvidada, se desmaya una flor.

El jardín puebla el triunfo de los pavos-reales.
Parlanchina, la dueña dice cosas banales,
y vestido de rojo piruetea el bufón.
La princesa no ríe, la princesa no siente;
la princesa persigue por el cielo de Oriente
la libélula vaga de una vaga ilusión.

¿Piensa acaso en el príncipe de Golconda o de China,
o en el que ha detenido su carroza argentina
para ver de sus ojos la dulzura de luz,
o en el rey de las islas de las Rosas fragantes,
o en el que es soberano de los claros diamantes,
o en el dueño orgulloso de las perlas de Ormuz?

¡Ay!, la pobre princesa de la boca de rosa
quiere ser golondrina, quiere ser mariposa,
tener alas ligeras, bajo el cielo volar;
ir al sol por la escala luminosa de un rayo,

saludar a los lirios con los versos de Mayo,
o perderse en el viento sobre el trueno del mar.

Ya no quiere el palacio, ni la rueca de plata,
ni el halcón encantado, ni el bufón escarlata,
ni los cisnes unánimes en el lago de azur.
Y están tristes las flores por la flor de la corte,
los jazmines de Oriente, los nelumbos del Norte,
de Occidentes las dalias y las rosas del Sur.

¡Pobrecita princesa de los ojos azules!
Está presa en sus oros, está presa en sus tules,
en la jaula de mármol del palacio real;
el palacio soberbio que vigilan los guardas,
que custodian cien negros con sus cien alabardas,
un lebrel que no duerme y un dragón colosal.

¡Oh, quién fuera hipsipila que dejó la crisálida!
(La princesa está triste. La princesa está pálida.)
¡Oh visión adorada de oro, rosa y marfil!
¡Quién volara a la tierra donde un príncipe existe
(La princesa está pálida. La princesa está triste.)
más brillante que el alba, más hermoso que Abril!

«Calla, calla, princesa —dice el hada madrina—;
en caballo con alas, hacia acá se encamina,
en el cinto la espada y en la mano el azor,
el feliz caballero que te adora sin verte,
y que llega de lejos, vencedor de la Muerte,
a encenderte los labios con su beso de amor».

# EL FAISÁN

Dijo sus secretos al faisán de oro.
En el gabinete, mi blanco tesoro;
de sus claras risas el divino coro.

Las bellas figuras de los gobelinos,
los cristales llenos de aromados vinos,
las rosas francesas en los vasos chinos.

(Las rosas francesas, porque fue allá en Francia
donde, en el retiro de la dulce estancia,
esas frescas rosas dieron su fragancia.)

La cena esperaba. Quitadas las vendas,
iban mil amores de flechas tremendas
en aquella noche de Carnestolendas.

La careta negra se quitó la niña,
y tras el preludio de una alegre riña
apuró mi boca vino de su viña.

Vino de la viña de la boca loca,
que hace arder el beso, que el mordisco invoca.
¡Oh los blancos dientes de la loca boca!

En su boca ardiente yo bebí los vinos,
y, pinzas rosadas, sus dedos divinos
me dieron las fresas y los langostinos.

Yo la vestimenta de Pierrot tenía
y aunque me alegraba y aunque me reía,
moraba en mi alma la melancolía.

La carnavalesca noche luminosa,
dio a mi triste espíritu la mujer hermosa,
sus ojos de fuego, sus labios de rosa.

Y en el gabinete del café galante
ella se encontraba con su nuevo amante,
peregrino pálido de un país distante.

Llegaban los ecos de vagos cantares,
y se despedían de sus azahares
miles de purezas en los bulevares.

Y cuando el champaña me cantó su canto,
por una ventana vi que un negro manto
de nube, de Febe cubría el encanto.

Y dije a la amada de un día: «¿No viste
de pronto ponerse la noche tan triste?
¿Acaso la Reina de luz ya no existe?».

Ella me miraba. Y el faisán, cubierto
de plumas de oro: —«¡Pierrot, ten por cierto
que tu fiel amada, que la Luna, ha muerto!».

# EL POETA PREGUNTA POR STELLA

Lirio divino, lirio de las Anunciaciones:
lirio, florido príncipe,
hermano perfumado de las estrellas castas,
joya de los abriles.

A ti las blancas dianas de los parques ducales,
los cuellos de los cisnes,
las místicas estrofas de cánticos celestes,
y en el sagrado empíreo, la mano de las vírgenes.

Lirio, boca de nieve donde sus dulces labios
la primavera imprime:
en tus venas no corre la sangre de las rosas pecadoras,
sino el ícor excelso de las flores insignes.

Lirio real y lírico,
que naces con la albura de las hostias sublimes,
de las cándidas perlas
y del lino sin mácula de las sobrepellices:

¿has visto acaso el vuelo del alma de mi Stella,
la hermana de Ligeia, por quien mi canto a veces es
                                        [tan triste?

## YO PERSIGO UNA FORMA...

Yo persigo una forma que no encuentra mi estilo,
botón de pensamiento que busca ser la rosa;
se anuncia con un beso que en mis labios se posa
al abrazo imposible de la Venus de Milo.

Adornan verdes palmas el blanco peristilo;
los astros me han predicho la visión de la Diosa;
y en mi alma reposa la luz, como reposa
el ave de la luna sobre un lago tranquilo.

Y no hallo sino la palabra que huye,
la iniciación melódica que de la flauta fluye
y la barca del sueño que en el espacio boga;

y bajo la ventana de mi Bella-Durmiente,
el sollozo continuo del chorro de la fuente
y el cuello del gran cisne blanco que me interroga.

# YO SOY AQUEL QUE AYER NO MÁS DECÍA...

Yo soy aquel que ayer no más decía
el verso azul y la canción profana,
en cuya noche un ruiseñor había
que era alondra de luz por la mañana.

El dueño fui de mi jardín de sueño,
lleno de rosas y de cisnes vagos;
el dueño de las tórtolas, el dueño
de góndolas y liras en los lagos;

y muy siglo diez y ocho, y muy antiguo
y muy moderno; audaz, cosmopolita;
con Hugo fuerte y con Verlaine ambiguo,
y una sed de ilusiones infinita.

Yo supe de dolor desde mi infancia;
mi juventud..., ¿fue juventud la mía?,
sus rosas aún me dejan su fragancia,
una fragancia de melancolía...

Potro sin freno se lanzó mi instinto,
mi juventud montó potro sin freno;
iba embriagada y con puñal al cinto;
si no cayó, fue porque Dios es bueno.

En mi jardín se vio una estatua bella;
se juzgó mármol y era carne viva;
una alma joven habitaba en ella,
sentimental, sensible, sensitiva.

Y tímida ante el mundo, de manera
que, encerrada, en silencio, no salía
sino cuando en la dulce primavera
era la hora de la melodía...

Hora de ocaso y de discreto beso;
hora crepuscular y de retiro;
hora de madrigal y de embeleso,
de «te adoro», de «¡ay!», y de suspiro.

Y entonces era en la dulzaina un juego
de misteriosas gamas cristalinas,
un renovar de notas del Pan griego
y un desgranar de músicas latinas,

con aire tal y con ardor tan vivo,
que a la estatua nacían de repente
en el muslo viril patas de chivo
y dos cuernos de sátiro en la frente.

Como la Galatea gongorina
me encantó la marquesa verleniana,
y así juntaba a la pasión divina
una sensual hiperestesia humana;

todo ansia, todo ardor, sensación pura
y vigor natural; y sin falsía,

y sin comedia y sin literatura...:
si hay un alma sincera, ésa es la mía.

La torre de marfil tentó mi anhelo;
quise encerrarme dentro de mí mismo,
y tuve hambre de espacio y sed de cielo
desde las sombras de mi propio abismo.

Como la esponja que la sal satura
en el jugo del mar, fue el dulce y tierno,
corazón mío, henchido de amargura
por el mundo, la carne y el infierno.

Mas, por gracia de Dios, en mi conciencia
el Bien supo elegir la mejor parte;
y si hubo áspera hiel en mi existencia,
melificó toda acritud el Arte.

Mi intelecto libré de pensar bajo,
bañó el agua castalia el alma mía,
peregrinó mi corazón y trajo
de la sagrada selva la armonía.

¡Oh, la selva sagrada! ¡Oh, la profunda
emanación del corazón divino
de la sagrada selva! ¡Oh, la fecunda
fuente cuya virtud vence al destino!

Bosque ideal que lo real complica,
allí el cuerpo arde y vive y Psiquis vuela;
mientras abajo el sátiro fornica,
ebria de azul deslíe Filomela

perla de ensueño y música amorosa
en la cúpula en flor del laurel verde,
Hipsipila sutil liba en la rosa,
y la boca del fauno el pezón muerde.

Allí va el dios en celo tras la hembra
y la caña de Pan se alza del lodo:
la eterna vida sus semillas siembra,
y brota la armonía del gran Todo.

El alma que entra allí debe ir desnuda,
temblando de deseo y fiebre santa,
sobre cardo heridor y espina aguda:
así sueña, así vibra y así canta.

Vida, luz y verdad, tal triple llama
produce la interior llama infinita;
el Arte puro como Cristo exclama:
*Ego sum lux et veritas et vita!*

Y la vida es misterio; la luz ciega
y la verdad inaccesible asombra;
la adusta perfección jamás se entrega,
y el secreto ideal duerme en la sombra.

Por eso ser sincero es ser potente:
de desnuda que está, brilla la estrella;
el agua dice el alma de la fuente
en la voz de cristal que fluye d'ella.

Tal fue mi intento, hacer del alma pura
mía, una estrella, una fuente sonora,

con el horror de la literatura
y loco de crepúsculo y de aurora.

Del crepúsculo azul que da la pauta
que los celestes éxtasis inspira;
bruma y tono menor —¡toda la flauta!,
y Aurora, hija del Sol —¡toda la lira!

Pasó una piedra que lanzó una honda:
pasó una flecha que aguzó un violento.
La piedra de la honda fue a la onda,
y la flecha del odio fuese al viento.

La virtud está en ser tranquilo y fuerte;
con el fuego interior todo se abrasa;
se triunfa del rencor y de la muerte,
y hacia Belén..., ¡la caravana pasa!


## SALUTACIÓN DEL OPTIMISTA


Ínclitas razas ubérrimas, sangre de Hispania fecunda,
espíritus fraternos, luminosas almas, ¡salve!
Porque llega el momento en que habrán de cantar
                                    [nuevos himnos
lenguas de gloria. Un vasto rumor llena los ámbitos;
mágicas ondas de vida van renaciendo de pronto;
retrocede el olvido, retrocede engañada la muerte,
se anuncia un reino nuevo, feliz sibila sueña,

y en la caja pandórica de que tantas desgracias
[surgieron
encontramos de súbito, talismánica, pura, riente,
cual pudiera decirla en sus versos Virgilio divino,
la divina reina de luz, ¡la celeste Esperanza!

Pálidas indolencias, desconfianzas fatales que a tumba
o a perpetuo presidio, condenasteis al noble
[entusiasmo,
ya veréis el salir del sol en un triunfo de liras,
mientras dos continentes, abonados de huesos
[gloriosos,
del Hércules antiguo la gran sombra soberbia
[evocando,
digan al orbe: la alta virtud resucita,
que a la hispana progenie hizo dueña de siglos.

Abominad la boca que predice desgracias eternas,
abominad los ojos que ven sólo zodíacos funestos,
abominad las manos que apedrean las ruinas ilustres
o que la tea empuñan o la daga suicida.
Siéntense sordos ímpetus en las entrañas del mundo,
la inminencia de algo fatal hoy conmueve la tierra;
fuertes colosos caen, se desbandan bicéfalas águilas,
y algo se inicia como vasto social cataclismo
sobre la faz del orbe. ¿Quién dirá que las savias
[dormidas
no despierten entonces en el tronco del roble
[gigante
bajo el cual se exprimió la ubre de la loba romana?
¿Quién será el pusilánime que al vigor español
[niegue músculos

105

y que al alma española juzgase áptera y ciega y tullida?
No es Babilonia ni Nínive enterrada en olvido y en
                                                    [polvo
ni entre momias y piedras, reina que habita el sepulcro,
la nación generosa, coronada de orgullo inmarchito,
que hacia el lado del alba fija las miradas ansiosas,
ni la que, tras los mares en que yace sepulta la
                                    [Atlántida,
tiene su coro de vástagos, altos, robustos y fuertes.

Únanse, brillen, secúndense, tantos vigores dispersos;
formen todos un solo haz de energía ecuménica.
Sangre de Hispania fecunda, sólidas, ínclitas razas,
muestren los dones pretéritos que fueron antaño su
                                                [triunfo.
Vuelva el antiguo entusiasmo, vuelva el espíritu
                                        [ardiente
que regará lenguas de fuego en esa epifanía.
Juntas las testas ancianas ceñidas de líricos lauros
y las cabezas jóvenes que la alta Minerva decora,
así los manes heroicos de los primitivos abuelos,
de los egregios padres que abrieron el surco pristino,
sientan los soplos agrarios de primaverales retornos
y el rumor de espigas que inició la labor triptolémica.

Un continente y otro renovando las viejas prosapias,
en espíritu unidos, en espíritu y ansias y lengua,
ven llegar el momento en que habrán de cantar nuevos
                                                [himnos.
La latina estirpe verá la gran alba futura:
en un trueno de música gloriosa, millones de labios
saludarán la espléndida luz que vendrá del Oriente,

Oriente augusto, en donde todo lo cambia y renueva
la eternidad de Dios, la actividad infinita.
Y así sea Esperanza la visión permanente en nosotros,
¡ínclitas razas ubérrimas, sangre de Hispania fecunda!


## A ROOSEVELT


Es con voz de la Biblia, o verso de Walt Whitman,
que habría de llegar hasta ti, Cazador,
primitivo y moderno, sencillo y complicado,
con un algo de Wáshington y cuatro de Nemrod.
Eres los Estados Unidos,
eres el futuro invasor
de la América ingenua que tiene sangre indígena,
que aún reza a Jesucristo y aún habla en español.

Eres soberbio y fuerte ejemplar de tu raza;
eres culto, eres hábil; te opones a Tolstoy.
Y domando caballos, o asesinando tigres,
eres un Alejandro-Nabucodonosor.
(Eres un profesor de Energía
como dicen los locos de hoy.)

Crees que la vida es incendio,
que el progreso es erupción,
que en donde pones la bala
el porvenir pones.
              No.

Los Estados Unidos son potentes y grandes.
Cuando ellos se estremecen hay un hondo temblor
que pasa por las vértebras enormes de los Andes.
Si clamáis, se oye como el rugir del león.
Ya Hugo a Grant lo dijo: Las estrellas son vuestras.
(Apenas brilla, alzándose, el argentino sol
y la estrella chilena se levanta...) Sois ricos.
Juntáis al culto de Hércules el culto de Mammón;
y alumbrando el camino de la fácil conquista,
la Libertad levanta su antorcha en Nueva-York.

Mas la América nuestra, que tenía poetas
desde los viejos tiempos de Netzahualcoyotl,
que ha guardado las huellas de los pies del gran
                                        [Baco,
que el alfabeto pánico en un tiempo aprendió;
que consultó los astros, que conoció la Atlántida
cuyo nombre nos llega resonando en Platón,
que desde los remotos momentos de su vida
vive de luz, de fuego, de perfume, de amor,
la América del grande Moctezuma, del Inca,
la América fragante de Cristóbal Colón,
la América católica, la América española,
la América en que dijo el noble Guatemoc:
«Yo no estoy en un lecho de rosas»; esa América
que tiembla de huracanes y que vive de amor,
hombres de ojos sajones y alma bárbara, vive.
Y sueña. Y ama, y vibra, y es la hija del Sol.
Tened cuidado. ¡Vive la América española!
Hay mil cachorros sueltos del León Español.
Se necesitaría, Roosevelt, ser, por Dios mismo,

el Riflero terrible y el fuerte Cazador,
para poder tenernos en vuestras férreas garras.

Y, pues contáis con todo, falta una cosa: ¡Dios!


## MARCHA TRIUNFAL


¡Ya viene el cortejo!
¡Ya viene el cortejo! Ya se oyen los claros clarines.
La espada se anuncia con vivo reflejo;
ya viene, oro y hierro, el cortejo de los paladines.

Ya pasa, debajo los arcos ornados de blancas Minervas
                                            [y Martes,
los arcos triunfales en donde las Famas erigen sus
                                    [largas trompetas,
la gloria solemne de los estandartes
llevados por manos robustas de heroicos atletas.
Se escucha el rüido que forman las armas de los
                                        [caballeros,
los frenos que mascan los fuertes caballos de guerra,
los cascos que hieren la tierra,
y los timbaleros
que el paso acompasan con ritmos marciales.
¡Tal pasan los fieros guerreros
debajo los arcos triunfales!

Los claros clarines de pronto levantan sus sones,
su canto sonoro,
su cálido coro,
que envuelve en un trueno de oro
la augusta soberbia de los pabellones.
Él dice la lucha, la herida venganza,
las ásperas crines,
los rudos penachos, la pica, la lanza,
la sangre que riega de heroicos carmines
la tierra;
los negros mastines
que azuza la muerte, que rige la guerra.

Los áureos sonidos
anuncian el advenimiento
triunfal de la Gloria;
dejando el picacho que guarda sus nidos,
tendiendo sus alas enormes al viento,
los cóndores llegan. ¡Llegó la Victoria!

Ya pasa el cortejo.
Señala el abuelo los héroes al niño:
—ved cómo la barba del viejo
los bucles de oro circunda de armiño—.
Las bellas mujeres aprestan coronas de flores,
y bajo los pórticos vense sus rostros de rosa;
y la más hermosa
sonríe al más fiero de los vencedores.
¡Honor al que trae cautiva la extraña bandera;
honor al herido y honor a los fieles
soldados que muerte encontraron por mano extranjera!
¡Clarines! ¡Laureles!

Las nobles espadas de tiempos gloriosos,
desde sus panoplias saludan las nuevas coronas y lauros:
—las viejas espadas de los granaderos, más fuertes
                                        [que osos,
hermanos de aquellos lanceros que fueron centauros—.


Las trompas guerreras resuenan;
de voces los aires se llenan...
A aquellas antiguas espadas,
a aquellos ilustres aceros,
que encarnan las glorias pasadas...
¡Y al sol que hoy alumbra las nuevas victorias ganadas,
y al héroe que guía su grupo de jóvenes fieros;
al que ama la insignia del suelo materno,
al que ha desafiado, ceñido el acero y el arma en la
                                        [mano,
los soles del rojo verano,
las nieves y vientos del gélido invierno,
la noche, la escarcha
y el odio y la muerte, por ser la patria inmortal,
saludan con voces de bronce las trompas de guerra
                                [que tocan la marcha
triunfal...

# LOS CISNES

*A Juan R. Jiménez*

## I

¿Qué signo haces, oh Cisne, con tu encorvado cuello
al paso de los tristes y errantes soñadores?
¿Por qué tan silencioso de ser blanco y ser bello,
tiránico a las aguas e impasible a las flores?

Yo te saludo ahora como en versos latinos
te saludara antaño Publio Ovidio Nasón.
Los mismos ruiseñores cantan los mismos trinos,
y en diferentes lenguas es la misma canción.

A vosotros mi lengua no debe ser extraña.
A Garcilaso visteis, acaso, alguna vez...
Soy un hijo de América, soy un nieto de España...
Quevedo pudo hablaros en verso en Aranjuez.

Cisnes, los abanicos de vuestras alas frescas
den a las frentes pálidas sus caricias más puras,
y alejen vuestras blancas figuras pintorescas
de nuestras mentes tristes las ideas oscuras.

Brumas septentrionales nos llenan de tristezas,
se mueren nuestras rosas, se agostan nuestras palmas,

112

casi no hay ilusiones para nuestras cabezas,
y somos los mendigos de nuestras pobres almas.

Nos predican la guerra con águilas feroces,
gerifaltes de antaño revienen a los puños,
mas no brillan las glorias de las antiguas hoces,
ni hay Rodrigos ni Jaimes, ni hay Alfonsos ni Nuños.

Faltos de los alientos que dan las grandes cosas,
¿qué haremos los poetas sino buscar tus lagos?
A falta de laureles son muy dulces las rosas,
y a falta de victorias busquemos los halagos.

La América española como la España entera
fija está en el Oriente de su fatal destino;
yo interrogo a la Esfinge que el porvenir espera
con la interrogación de tu cuello divino.

¿Seremos entregados a los bárbaros fieros?
¿Tantos millones de hombres hablaremos inglés?
¿Ya no hay nobles hidalgos ni bravos caballeros?
¿Callaremos ahora para llorar después?

He lanzado mi grito, Cisnes, entre vosotros,
que habéis sido los fieles en la desilusión,
mientras siento una fuga de americanos potros
y el estertor postrero de un caduco león...

...Y un Cisne negro dijo: «La noche anuncia el día».
Y uno blanco: «¡La aurora es inmortal, la aurora
es inmortal!». ¡Oh tierras de sol y de armonía,
aún guarda la Esperanza la caja de Pandora!

# NOCTURNO

Quiero expresar mi angustia en versos que abolida
dirán mi juventud de rosas y de ensueños,
y la desfloración amarga de mi vida
por un vasto dolor y cuidados pequeños.

Y el viaje a un vago Oriente por entrevistos barcos,
y el grano de oraciones que floreció en blasfemias,
y los azoramientos del cisne entre los charcos,
y el falso azul nocturno de inquerida bohemia.

Lejano clavicordio que en silencio y olvido
no diste nunca al sueño la sublime sonata,
huérfano esquife, árbol insigne, obscuro nido
que suavizó la noche de dulzura de plata...

Esperanza olorosa a hierbas frescas, trino
del ruiseñor primaveral y matinal,
azucena tronchada por un fatal destino
rebusca de la dicha, persecución del mal...

El ánfora funesta del divino veneno
que ha de hacer por la vida la tortura interior;
la conciencia espantable de nuestro humano cieno
y el horror de sentirse pasajero, el horror

de ir a tientas, en intermitentes espantos,
hacia lo inevitable desconocido, y la
pesadilla brutal de este dormir de llantos
¡de la cual no hay más que Ella que nos despertará!


## CANCIÓN DE OTOÑO EN PRIMAVERA

*A G. Martínez Sierra*

Juventud, divino tesoro,
¡ya te vas para no volver!
Cuando quiero llorar, no lloro...
y a veces lloro sin querer.

Plural ha sido la celeste
historia de mi corazón.
Era una dulce niña, en este
mundo de duelo y aflicción.

Miraba como el alba pura;
sonreía como una flor.
Era su cabellera obscura
hecha de noche y de dolor.

Yo era tímido como un niño.
Ella, naturalmente fue,
para mi amor hecho de armiño,
Herodías y Salomé...

Juventud, divino tesoro,
¡ya te vas para no volver...!
Cuando quiero llorar, no lloro,
y a veces lloro sin querer...

La otra fue más sensitiva,
y más consoladora y más
halagadora y expresiva,
cual no pensé encontrar jamás.

Pues a su continua ternura
una pasión violenta unía.
En un peplo de gasa pura
una bacante se envolvía...

En sus brazos tomó mi ensueño
y lo arrulló como a un bebé...
Y le mató, triste y pequeño,
falto de luz, falto de fe...

Juventud, divino tesoro,
¡te fuiste para no volver!
Cuando quiero llorar, no lloro,
y a veces lloro sin querer...

Otra juzgó que era mi boca
el estuche de su pasión
y que me roería, loca,
con sus dientes el corazón

poniendo en un amor de exceso
la mira de su voluntad,
mientras eran abrazo y beso
síntesis de la eternidad:

y de nuestra carne ligera
imaginar siempre un Edén,
sin pensar que la Primavera
y la carne acaban también...

Juventud, divino tesoro,
¡ya te vas para no volver!
Cuando quiero llorar, no lloro,
¡y a veces lloro sin querer!

¡Y las demás!, en tantos climas,
en tantas tierras, siempre son,
si no pretexto de mis rimas,
fantasmas de mi corazón.

En vano busqué a la princesa
que estaba triste de esperar.
La vida es dura. Amarga y pesa.
¡Ya no hay princesa que cantar!

Mas a pesar del tiempo terco,
mi sed de amor no tiene fin;
con el cabello gris me acerco
a los rosales del jardín...

Juventud, divino tesoro,
¡ya te vas para no volver!...
Cuando quiero llorar, no lloro,
y a veces lloro sin querer...

¡Mas es mía el Alba de oro!

# CARACOL

*A Antonio Machado*

En la playa he encontrado un caracol de oro
macizo y recamado de las perlas más finas;
Europa le ha tocado con sus manos divinas
cuando cruzó las ondas sobre el celeste toro.

He llevado a mis labios el caracol sonoro
y he suscitado el eco de las dianas marinas;
le acerqué a mis oídos, y las azules minas
me han contado en voz baja su secreto tesoro.

Así la sal me llega de los vientos amargos
que en sus hinchadas velas sintió la nave Argos
cuando amaron los astros el sueño de Jasón;

y oigo un rumor de olas y un incógnito acento
y un profundo oleaje y un misterioso viento...
(El caracol la forma tiene de un corazón.)

# NOCTURNO

*A Mariano de Cavia*

Los que auscultasteis el corazón de la noche,
los que por el insomnio tenaz habéis oído
el cerrar de una puerta, el resonar de un coche
lejano, un eco vago, un ligero rüido...

En los instantes del silencio misterioso,
cuando surgen de su prisión los olvidados,
en la hora de los muertos, en la hora del reposo,
sabréis leer estos versos de amargor impregnados...

Como en un vaso vierto en ellos mis dolores
de lejanos recuerdos y desgracias funestas,
y las tristes nostalgias de mi alma, ebria de flores,
y el duelo de mi corazón, triste de fiestas.

Y el pesar de no ser lo que yo hubiera sido,
la pérdida del reino que estaba para mí,
el pensar que un instante pude no haber nacido,
¡y el sueño que es mi vida desde que yo nací!

Todo esto viene en medio del silencio profundo
en que la noche envuelve la terrena ilusión,
y siento como un eco del corazón del mundo
que penetra y conmueve mi propio corazón.

# LETANÍAS DE NUESTRO SEÑOR
## DON QUIJOTE

*A Navarro Ledesma*

Rey de los hidalgos, señor de los tristes,
que de fuerza alientas y de ensueños vistes,
coronado de áureo yelmo de ilusión;
que nadie ha podido vencer todavía,
por la adarga al brazo, toda fantasía,
y la lanza en ristre, toda corazón.

Noble peregrino de los peregrinos,
que santificaste todos los caminos
con el paso augusto de tu heroicidad,
contra las certezas, contra las conciencias,
y contra las leyes y contra las ciencias,
contra la mentira, contra la verdad...

Caballero errante de los caballeros,
barón de varones, príncipe de fieros,
par entre los pares, maestro, ¡salud!
¡Salud, porque juzgo que hoy muy poca tienes,
entre los aplausos o entre los desdenes,
y entre las coronas y los parabienes
y las tonterías de la multitud!

¡Tú, para quien pocas fueron las victorias
antiguas, y para quien clásicas glorias

serían apenas de ley y razón,
soportas elogios, memorias, discursos,
resistes certámenes, tarjetas, concursos,
y, teniendo a Orfeo, tienes a orfeón!

Escucha, divino Rolando del sueño,
a un enamorado de tu Clavileño,
y cuyo Pegaso relincha hacia ti;
escucha los versos de estas letanías,
hechas con las cosas de todos los días
y con otras que en lo misterioso vi.

¡Ruega por nosotros, hambrientos de vida,
con el alma a tientas, con la fe perdida,
llenos de congojas y faltos de sol;
por advenedizas almas de manga ancha,
que ridiculizan el ser de la Mancha,
el ser generoso y el ser español!

¡Ruega por nosotros, que necesitamos
las mágicas rosas, los sublimes ramos
de laurel! *Pro nobis ora,* gran señor.
(Tiemblan las florestas de laurel del mundo,
y antes que tu hermano vago, Segismundo,
el pálido Hámlet te ofrece una flor.)

Ruega generoso, piadoso, orgulloso;
ruega, casto, puro, celeste, animoso;
por nos intercede, suplica por nos,
pues casi ya estamos sin savia, sin brote,
sin alma, sin vida, sin luz, sin Quijote,
sin pies y sin alas, sin Sancho y sin Dios.

De tantas tristezas, de dolores tantos,
de los superhombres de Nietzsche, de cantos
áfonos, recetas que firma un doctor,
de las epidemias de horribles blasfemias
de las Academias,
¡líbranos, señor!

De rudos malsines,
falsos paladines,
y espíritus finos y blandos y ruines,
del hampa que sacia
su canallocracia
con burlar la gloria, la vida, el honor,
del puñal con gracia,
¡líbranos, señor!

Noble peregrino de los peregrinos,
que santificaste todos los caminos
con el paso augusto de tu heroicidad,
contra las certezas, contra las conciencias
y contra las leyes y contra las ciencias,
contra la mentira, contra la verdad...

¡Ora por nosotros, señor de los tristes,
que de fuerza alientas y de sueños vistes,
coronado de áureo yelmo de ilusión;
que nadie ha podido vencer todavía,
por la adarga al brazo, toda fantasía,
y la lanza en ristre, toda corazón!

# LO FATAL

*A René Péres*

Dichoso el árbol que es apenas sensitivo,
y más la piedra dura, porque ésta ya no siente,
pues no hay dolor más grande que el dolor de ser vivo,
ni mayor pesadumbre que la vida consciente.

Ser, y no saber nada, y ser sin rumbo cierto,
y el temor de haber sido y un futuro terror...
Y el espanto seguro de estar mañana muerto,
y sufrir por la vida y por la sombra y por

lo que no conocemos y apenas sospechamos,
y la carne que tienta con sus frescos racimos
y la tumba que aguarda con sus fúnebres ramos,
¡y no saber adónde vamos,
ni de dónde venimos...!

## «E H E U !»

Aquí, junto al mar latino,
digo la verdad:
Siento en roca, aceite y vino,
yo mi antigüedad.

¡Oh, qué anciano soy, Dios santo;
oh, que anciano soy!...
¿De dónde viene mi canto?
Y yo, ¿adónde voy?

El conocerme a mí mismo,
ya me va costando
muchos momentos de abismo
y el cómo y el cuándo...

Y esta claridad latina,
¿de qué me sirvió
a la entrada de la mina
del yo y el no yo...?

Nefelibata contento,
creo interpretar
las confidencias del viento,
la tierra y el mar...

Unas vagas confidencias
del ser y el no ser,
y fragmentos de conciencias
de ahora y ayer.

Como en medio de un desierto
me puse a clamar;
y miré al sol como muerto
y me eché a llorar.


## POEMA DEL OTOÑO


Tú que estás la barba en la mano
meditabundo,
¿has dejado pasar, hermano,
la flor del mundo?

Te lamentas de los ayeres
con quejas vanas:
¡aun hay promesas de placeres
en los mañanas!

Aun puedes casar la olorosa
rosa y el lis,
y hay mirtos para tu orgullosa
cabeza gris.

El alma ahíta cruel inmola
lo que la alegra,
como Zingua, reina de Angola,
lúbrica negra.

Tú has gozado de la hora amable,
y oyes después
la imprecación del formidable
Eclesiastés.

El domingo de amor te hechiza;
mas mira cómo
llega el miércoles de ceniza;
*Memento, homo...*

Por eso hacia el florido monte
las almas van,
y se explican Anacreonte
y Omar Kayam.

Huyendo del mal, de improviso
se entra en el mal
por la puerta del paraíso
artificial.

Y, no obstante, la vida es bella,
por poseer
la perla, la rosa, la estrella
y la mujer.

Lucifer brilla. Canta el ronco
mar. Y se pierde

Silvano oculto tras el tronco
del haya verde.

Y sentimos la vida pura,
clara, real,
cuando la envuelve la dulzura
primaveral.

¿Para qué las envidias viles
y las injurias,
cuando retuercen sus reptiles
pálidas furias?

¿Para qué los odios funestos
de los ingratos?
¿Para qué los lívidos gestos
de los Pilatos?

¡Si lo terreno acaba, en suma,
cielo e infierno,
y nuestras vidas son la espuma
de un mar eterno!

Lavemos bien de nuestra veste
la amarga prosa;
soñemos en una celeste
mística rosa.

Cojamos la flor del instante;
¡la melodía
de la mágica alondra cante
la miel del día!

Amor a su fiesta convida
y nos corona.
Todos tenemos en la vida
nuestra Verona.

Aun en la hora crepuscular
canta una voz:
«¡Ruth, risueña, viene a espigar
para Booz!»

Mas coged la flor del instante
cuando en Oriente
nace el alba para el fragante
adolescente.

¡Oh niña que con Eros juegas,
niños lozanos,
danzad como las ninfas griegas
y los silvanos.

El viejo tiempo todo roe
y va de prisa;
Sabed vencerle, Cintia, Cloe
y Cidalisa.

Trocad por rosas azahares,
que suena el son
de aquel *Cantar de los Cantares*
de Salomón.

Príapo vela en los jardines
que Cipris huella;

Hécate hace aullar los mastines;
mas Diana es bella,

y apenas envuelta en los velos
de la ilusión,
baja a los bosques de los cielos
por Endimión.

¡Adolescencia! Amor te dora
con su virtud;
goza del beso de la aurora,
¡oh juventud!

¡Desventurado el que ha cogido
tarde la flor!
Y ¡ay de aquel que nunca ha sabido
lo que es amor!

Yo he visto en tierra tropical
la sangre arder,
como en un cáliz de cristal,
en la mujer,

y en todas partes la que ama
y se consume
como una flor hecha de llama
y de perfume.

Abrasaos en esa llama
y respirad
ese perfume que embalsama
la Humanidad.

Gozad de la carne, ese bien
que hoy nos hechiza
y después se tornará en
polvo y ceniza.

Gozad del sol, de la pagana
luz de sus fuegos;
gozad del sol, porque mañana
estaréis ciegos.

Gozad de la dulce armonía
que a Apolo invoca;
gozad del canto, porque un día
no tendréis boca.

Gozad de la tierra, que un
bien cierto encierra;
gozad, porque no estáis aún
bajo la tierra.

Apartad el temor que os hiela
y que os restringe;
la paloma de Venus vuela
sobre la Esfinge.

Aun vencen muerte, tiempo y hado
las amorosas;
en las tumbas se han encontrado
mirtos y rosas.

Aun Anadiómena en sus lidias
nos da su ayuda;

aun resurge en la obra de Fidias
Friné desnuda.

Vive el bíblico Adán robusto,
de sangre humana,
y aún siente nuestra lengua el gusto
de la manzana.

Y hace de este globo viviente
fuerza y acción
la universal y omnipotente
fecundación.

El corazón del cielo late
por la victoria
de este vivir, que es un combate
y es una gloria.

Pues aunque hay pena y nos agravia
el sino adverso,
en nosotros corre la savia
del universo.

Nuestro cráneo guarda el vibrar
de tierra y sol,
como el ruido de la mar
el caracol.

La sal del mar en nuestras venas
va a borbotones;
tenemos sangre de sirenas
y de tritones.

A nosotros encinas, lauros,
frondas espesas;
tenemos carne de centauros
y satiresas.

En nosotros la vida vierte
fuerza y calor.
¡Vamos al reino de la Muerte
por el camino del Amor!

# MANUEL MACHADO
## (1874 - 1947)

## MANUEL MACHADO

Sevillano de nacimiento y andaluz vocacional, Manuel Machado simultanea como nadie en sus mejores momentos la gracia y la gravedad. Es un melancólico pero también un sapiente y gustoso contemplador del mundo, dueño de un verso ágil, fluido, coloquial, que ha subyugado a las últimas generaciones de poetas españoles. Su poesía completa ha sido editada por Antonio Fernández Ferrer (1993).

# ADELFOS

Yo soy como las gentes que a mi tierra vinieron
—soy de la raza mora, vieja amiga del Sol—,
que todo lo ganaron y todo lo perdieron.
Tengo el alma de nardo del árabe español.

Mi voluntad se ha muerto una noche de luna
en que era muy hermoso no pensar ni querer...
Mi ideal es tenderme, sin ilusión ninguna...
De cuando en cuando, un beso y un nombre de mujer.

En mi alma, hermana de la tarde, no hay contornos...
y la rosa simbólica de mi única pasión
es una flor que nace en tierras ignoradas
y que no tiene aroma, ni forma, ni color.

Besos, ¡pero no darlos! Gloria... ¡la que me deben!
¡Que todo como un aura se venga para mí!
¡Que las olas me traigan y las olas me lleven,
y que jamás me obliguen el camino a elegir!

¡Ambición!, no la tengo. ¡Amor!, no lo he sentido.
No ardí nunca en un fuego de fe ni gratitud.
Un vago afán de arte tuve... Ya lo he perdido.
Ni el vicio me seduce, ni adoro la virtud.

De mi alta aristocracia, dudar jamás se pudo.
No se ganan, se heredan, elegancia y blasón...
Pero el lema de casa, el mote del escudo,
es una nube vaga que eclipsa un vano sol.

Nada os pido. Ni os amo, ni os odio. Con dejarme,
lo que hago por vosotros hacer podéis por mí...
¡Que la vida se tome la pena de matarme,
ya que yo no me tomo la pena de vivir!...

Mi voluntad se ha muerto una noche de luna
en que era muy hermoso no pensar ni querer...
De cuando en cuando un beso, sin ilusión ninguna.
¡El beso generoso que no he de devolver!

*París, 1899*

## CANTARES

Vino, sentimiento, guitarra y poesía
hacen los cantares de la patria mía...
Cantares...
Quien dice cantares, dice Andalucía.

A la sombra fresca de la vieja parra,
un mozo moreno rasguea la guitarra...
Cantares...
Algo que acaricia y algo que desgarra.

La prima que canta y el bordón que llora...
Y el tiempo callado se va hora tras hora.
Cantares...
Son dejos fatales de la raza mora.

No importa la vida, que ya está perdida;
y después de todo, ¿qué es eso, la vida?...
Cantares...
Cantando la pena, la pena se olvida.

   Madre, pena, suerte, pena, madre, muerte,
ojos negros, negros y negra la suerte...
Cantares...
En ellos, el alma del alma se vierte.

Cantares. Cantares de la patria mía...
Cantares son sólo los de Andalucía.
Cantares...
No tiene más notas la guitarra mía.


## CASTILLA


El ciego sol se estrella
en las duras aristas de las armas,
llaga de luz los petos y espaldares
y flamea en las puntas de las lanzas.

El ciego sol, la sed y la fatiga.
Por la terrible estepa castellana,
al destierro, con doce de los suyos
—polvo, sudor y hierro—, el Cid cabalga.

Cerrado está el mesón a piedra y lodo...
Nadie responde. Al pomo de la espada
y al cuento de las picas, el postigo
va a ceder... ¡Quema el sol, el aire abrasa!

A los terribles golpes,
de eco ronco, una voz pura, de plata
y de cristal, responde... Hay una niña
muy débil y muy blanca
en el umbral. Es toda
ojos azules; y en los ojos, lágrimas.
Oro pálido nimba
su carita curiosa y asustada.

—¡Buen Cid! Pasad... El rey nos dará muerte,
arruinará la casa
y sembrará de sal el pobre campo
que mi padre trabaja...
Idos. El cielo os colme de venturas...
*¡En nuestro mal, oh Cid, no ganáis nada!*

Calla la niña y llora sin gemido...
Un sollozo infantil cruza la escuadra
de feroces guerreros,
y una voz inflexible grita: «¡En marcha!».

El ciego sol, la sed y la fatiga.
Por la terrible estepa castellana,
al destierro, con doce de los suyos
—polvo, sudor y hierro—, el Cid cabalga.


## FELIPE IV


Nadie más cortesano ni pulido
que nuestro rey Felipe, que Dios guarde,
siempre de negro hasta los pies vestido.

Es pálida su tez como la tarde,
cansado el oro de su pelo undoso,
y de sus ojos, el azul, cobarde.

Sobre su augusto pecho generoso,
ni joyeles perturban, ni cadenas
el negro terciopelo silencioso.

Y, en vez de cetro real, sostiene apenas,
con desmayo galán, un guante de ante
la blanca mano de azuladas venas.

## OLIVERETTO DE FERMO
### DEL TIEMPO DE LOS MÉDICIS

Fue valiente, fue hermoso, fue artista.
Inspiró amor, terror y respeto.

En pintarle gladiando desnudo
ilustró su pincel Tintoretto.

Machiavelli nos narra su historia
de asesino elegante y discreto.

César Borgia lo ahorcó en Sinigaglia...
Dejó un cuadro, un puñal y un soneto.


## GERINELDOS, EL PAJE

Del color del lirio tiene Gerineldos
dos grandes ojeras;
del color del lirio, que dicen locuras
de amor de la reina.

Al llegar la tarde,
pobre pajecillo,

con labios de rosa,
con ojos de idilio;
al llegar la noche,
junto a los macizos
de arrayanes, vaga,
cerca del castillo.

Cerca del castillo,
vagar vagamente
la reina lo ha visto.
De sedas cubierto,
sin armas al cinto,
con alma de nardo,
con talle de lirio.


## RETRATO


Esta es mi cara y esta es mi alma. Leed:
Unos ojos de hastío y una boca de sed...
Lo demás... Nada... Vida... Cosas... Lo que se sabe...
Calaveradas, amoríos... Nada grave.
Un poco de locura, un algo de poesía,
una gota del vino de la melancolía...
¿Vicios? Todos. Ninguno... Jugador, no lo he
                                                    [sido:
no gozo lo ganado ni siento lo perdido.
Bebo, por no negar mi tierra de Sevilla,
media docena de cañas de manzanilla.

Las mujeres...—sin ser un Tenorio, ¡eso, no!—,
tengo una que me quiere, y otra a quien quiero yo.

Me acuso de no amar sino muy vagamente
una porción de cosas que encantan a la gente...
La agilidad, el tino, la gracia, la destreza,
más que la voluntad, la fuerza y la grandeza...
Mi elegancia es buscada, rebuscada. Prefiero
a lo helénico y puro lo chic y lo torero.
Un destello de sol y una risa oportuna
amo más que las languideces de la luna.
Medio gitano y medio parisién —dice el vulgo—,
con Montmartre y con la Macarena comulgo...

Y, antes que un tal poeta, mi deseo primero
hubiera sido ser un buen banderillero.

Es tarde... Voy de prisa por la vida. Y mi risa
es alegre, aunque no niego que llevo prisa.


PRÓLOGO - EPÍLOGO


El médico me manda no escribir más. Renuncio,
pues, a ser un Verlaine, un Musset, un D'Annunzio
—¡no que no!—, por la paz de un reposo perfecto,
contento de haber sido el vate predilecto
de algunas damas y de no pocos galanes,
que hallaron en mis versos —Ineses y Donjuanes—

la novedad de ciertas amables languideces
y la ágil propulsión de la vida, otras veces,
hacia el amor de la Belleza, sobre todo,
alegre, y ni moral ni inmoral, a mi modo.
Tal me dicen que fui para ellos. Y tal
debí de ser. Nosotros nos conocemos mal
los artistas... Sabemos tan poco de nosotros,
que lo mejor tal vez nos lo dicen los otros...

Ello es que se acabó... ¿Por siempre?... ¿Por ahora?...
En nuestra buena tierra la pobre Musa llora
por los rincones como una antigua querida
abandonada, y ojerosa y mal ceñida,
rodeada de cosas feas y de tristeza
que hacen huir la rima y el ritmo y la belleza.
En un pobre país viejo y semisalvaje,
mal de alma y de cuerpo y de facha y de traje,
lleno de un egoísmo antiartístico y pobre
—los más ricos apilan Himalayas de cobre,
y entre tanto cacique tremendo, ¡qué demonio!,
no se ha visto un Mecenas, un Lúculo, un Petronio—,
no vive el Arte... O, mejor dicho, el Arte,
mendigo, emigra con la música a otra parte.

Luego, la juventud que se va, que se ha ido,
harta de ver venir lo que al fin no ha venido.
La gloria, que, tocada, es nada, disipada...
Y el Amor, que después de serlo todo, es nada.
¡Oh la célebre lucha con la dulce enemiga!
La mujer —ideal y animal—, la que obliga
—gata y ángel— a ser feroz y tierno, a ser
eso tremendo y frívolo que quiere la mujer...

143

Pecadora, traidora y santa y heroína,
que ama las nubes, y el dolor y la cocina.
Buena, peor, sencilla y loca e inquietante,
tan significativa, tan insignificante...
En mí, hasta no adorarla la indignación no llega,
y, al hablar del juguete que con nosotros juega,
lo hago sin gran rencor, que, al cabo, es la mujer
el único enemigo que no quiere vencer.

A mí no me fue mal. Amé y me amaron. Digo...
Ellas fueron piadosas y espléndidas conmigo,
que les pedí hermosura, nada más, y ternura,
y en sus senos divinos me embriagué de hermosura...
Sabiendo, por los Padres del Concilio de Trento,
lo que hay en ellas de alma, me he dado por contento.
La mecha de mi frente va siendo gris. Y, aunque esto
me da cierta elegancia suave, por supuesto,
no soy, como fui antes, caballero esforzado
y en el campo de plumas de Amor el gran soldado.

Resumen: que razono mi *adiós*, se me figura,
por quitarle a la sola palabra su amargura,
porque España no puede mantener sus artistas,
porque ya no soy joven, aunque aún paso revistas,
y porque —ya lo dice el doctor—, porque, en suma,
es mi sangre la que destila por mi pluma.

## YO, POETA DECADENTE...

Yo, poeta decadente,
español del siglo veinte,
que los toros he elogiado,
y cantado
las golfas y el aguardiente...
y la noche de Madrid,
y los rincones impuros,
y los vicios más oscuros
de estos biznietos del Cid...,
de tanta canallería
harto estar un poco debo,
ya estoy malo, y ya no bebo
lo que han dicho que bebía.

Porque ya
una cosa es la Poesía
y otra cosa lo que está
grabado en el alma mía...

Grabado, lugar común.
Alma, palabra gastada.
Mía... No sabemos nada.
Todo es conforme y según.

# EL CAMINO

Es el camino de la muerte.
Es el camino de la vida...

En la frescura de las rosas
ve reparando. Y en las lindas
adolescentes. Y en los suaves
aromas de las tardes tibias.
Abraza los talles esbeltos
y besa las caras bonitas.
De los sabores y colores
gusta. Y de la embriaguez divina.
Escucha las músicas dulces.
Goza de la melancolía
de no saber, de no creer, de
soñar un poco. Ama y olvida,
y atrás no mires. Y no creas
que tiene raíces la dicha.
No habrás llegado hasta que todo
lo hayas perdido. Ve, camina...

Es el camino de la muerte.
Es el camino de la vida.

# ÚLTIMA

Ya me ha dado la experiencia
esa clásica ignorancia
que no tiene la fragancia
del primero no saber.
¡Oh la ciencia de inocencia!
¡Oh la vida empedernida!...
Desde que empezó mi vida
no he hecho yo más que perder.

Ya mis ojos se han manchado
con la vista de lo feo.
No creía... Y ahora creo
en todo y en algo más.
He querido serlo todo
y ya ni sé si soy algo...
De lo que dicen que valgo
no me he creído jamás.

Escritor irremediable,
tengo la obsesión maldita
de la vil palabra escrita
en el odioso papel.
Y mi ingenio —¡el admirable!—
en mi martirio se ingenia...
Con él y mi neurastenia
llevo el alma a flor de piel.

Apenado, sin dolores.
Amoroso, sin mujeres.
Libertino, sin placeres,
y rendido, sin reñir.
Ando, amante sin amores,
con mi juventud podrida,
por la feria de la vida,
sin llorar y sin reír.

La gloria... ¡para mañana!
¿El dinero? Yo no quiero
placeres por mi dinero...
La voluntad... ¡Es verdad!
Con ella todo se gana;
borra montes, seca pontos...
Yo no he visto más que tontos
que tuvieran voluntad.

Y ahora, en mitad del camino,
también me cansa el acaso.
...Perdí el ritmo de mi paso
y me harté de caminar.
La voluntad y el destino
diera por una bicoca...
—Y yo...
—Tú calla. ¡Tu boca
es sólo para besar!

# NOCTURNO MADRILEÑO

De un cantar canalla
tengo el alma llena,
de un cantar con notas monótonas, tristes,
de horror y vergüenza.

De un cantar que habla
de vicio y de anemia,
de sangre y de engaño, de miedo y de infamia,
¡y siempre de penas!

De un cantar que dice
mentiras perversas...
De pálidas caras, de labios pintados
y enormes ojeras.

De un cantar gitano,
que dice las rejas
de los calabozos y las puñaladas,
y los ayes lúgubres de las malagueñas.

De un cantar veneno,
como flor de adelfa.

De un cantar de crimen,
de vino y miseria,

oscuro y malsano...,
cuyo son recuerda
esa horrible cosa que cruza de noche
las calles desiertas.


## PROSA

Existe una poesía
sin ritmo ni armonía,
monótona, cansada,
como una letanía...,
de que está desterrada
la pena y la alegría.

Silvestre flor de cardo,
poema gris o pardo
de lo pobre y lo feo,
sin nada de gallardo,
sin gracia y sin deseo,
agonioso y tardo.

De las enfermedades
y de las ansiedades
prosaicas y penosas...;
de negras soledades,
de hazañas lastimosas
y estúpidas verdades.

¡Oh, pasa y no lo veas,
sus páginas no leas!...
Poema de los cobres,
cantar, ¡maldito seas!,
el de los hombres pobres
y las mujeres feas.

¡Oh pena desoída,
miseria escarnecida!...
Poema, sin embargo,
de rima consabida;
poema largo, largo,
¡como una mala vida!...


MUTIS


No triste, alegre,
con ruido y risa
la vida cruzo;
mas llevo prisa.

Cortos placeres,
penas efímeras,
ideas vagas...
ternuras tibias.

No sé, no quiero...
Dejad que siga

corriendo loco
sin senda fija.

Dejad que cante,
dejad que ría,
dejad que llore,
dejad que viva,
de tenuidades,
de lejanías...,
como humareda
que se disipa.

Yo os dejo pronto
con vuestra vida,
para vosotros
todos los días.

Con vuestra historia,
con vuestra crítica
de hechos profundos,
fechas y citas.

Sed muy felices
con vuestra vida,
y un tomo grande
para escribirla...

No triste, alegre,
con ruido y risa
la senda cruzo
mas llevo prisa.

# LA CANCIÓN DEL ALBA

El alba son las manos sucias
y los ojos ribeteados.
Y el acabarse las argucias
para continuar encantados.

Livideces y palideces,
y monstruos de realidad.
Y la terrible verdad
mucho más clara que otras veces.

Y el terminarse las peleas
con transacciones lamentables.
Y el hallar las mujeres feas
y los amigos detestables.

Y el odiar a la aurora violada,
bobalicona y sonriente,
con su cara de embarazada,
color de agua y aguardiente.

Y el empezar a ver cuando
los ojos se quieren cerrar.
Y el acabar de estar soñando
cuando nos vamos a acostar.

## TIZIANO
## CARLOS V

El que en Milán nieló de plata y oro
la soberbia armadura; el que ha forjado
en Toledo este arnés; quien ha domado
el negro potro del desierto moro...

El que tiñó de púrpura esta pluma
—que al aire en Mulberg prepotente flota—,
esta tierra que pisa y la remota
playa de oro y de sol de Moctezuma...

Todo es de este hombre gris, barba de acero,
carnoso labio socarrón y duros
ojos de lobo audaz, que, lanza en mano,

recorre su dominio, el orbe entero,
con resonantes pasos, y seguros.
En este punto lo pintó el Tiziano.

VELÁZQUEZ
## LA INFANTA MARGARITA

Como una flor clorótica el semblante,
que hábil pincel tiñó de leche y fresa,
emerge del pomposo guardainfante,
entre sus galas cortesanas presa.

La mano —ámbar de ensueño—, entre los tules
de la falda desmáyase y sostiene
el pañuelo riquísimo, que viene
de los ojos atónitos y azules.

Italia, Flandes, Portugal... Poniente
sol de la gloria el último destello
en sus mejillas infantiles posa...

Y corona no más su augusta frente
la dorada ceniza del cabello,
que apenas prende el leve lazo rosa.

# CANTE HONDO

A todos nos han cantado
en una noche de juerga
coplas que nos han matado...

Corazón, calla tu pena;
a todos nos han cantado
en una noche de juerga.

Malagueñas, soleares
y seguiriyas gitanas...
Historia de mis pesares
y de tus horitas malas.

Malagueñas, soleares
y seguiriyas gitanas...

Es el saber popular,
que encierra todo el saber;
que es saber sufrir, amar,
morirse y aborrecer.

Es el saber popular,
que encierra todo el saber.

# A ALEJANDRO SAWA
## (EPITAFIO)

Jamás hombre más nacido
para el placer, fue al dolor
más derecho.
Jamás ninguno ha caído
con facha de vencedor
tan deshecho.
Y es que él se daba a perder
como muchos a ganar.
Y su vida,
por la falta de querer
y sobra de regalar,
fue perdida.

Es el morir y olvidar
mejor que amar y vivir.
¿Y más mérito el dejar
que el conseguir?...

# A JOSÉ NOGALES, MUERTO

Silba en el aire ya la bala
que nos ha de matar, y en tanto
ciega nuestros ojos un llanto
de despedida. En la hora mala
de tu partida, compañero,
nos preguntamos unos a otros
cuándo nos tocará a nosotros...
Psicología de torero.
Es bien cruel, bien española,
pero divierte a la canalla
y hay que seguir en la batalla,
mientras tu huesa queda sola.

¡Valiente soldado del Arte,
adiós, que luego nos veremos!...
También nosotros pronto iremos
con nuestra música a otra parte.

# ANTONIO MACHADO
## (1875 - 1939)

ANTONIO MACHADO

Sevillano de nacimiento y castellano de adopción, hizo de Castilla una categoría lírica suprema, sin olvidar adentrarse por las soledades y galerías de su espíritu asomado «a orillas del gran silencio». Alto poeta metafísico, es también un extraordinario poeta civil. Su obra y su vida son un ejemplo admirable de rigor intelectual y coherencia moral. Por eso acompañó a su pueblo en el destierro de 1939. Su poesía completa ha sido editada por Oreste Macrì (1988).

# I
## EL VIAJERO

Está en la sala familiar, sombría,
y entre nosotros, el querido hermano
que en el sueño infantil de un claro día
vimos partir hacia un país lejano.

Hoy tiene ya las sienes plateadas,
un gris mechón sobre la angosta frente;
y la fría inquietud de sus miradas
revela un alma casi toda ausente.

Deshójanse las copas otoñales
del parque mustio y viejo.
La tarde, tras los húmedos cristales,
se pinta, y en el fondo del espejo.

El rostro del hermano se ilumina
suavemente. ¿Floridos desengaños
dorados por la tarde que declina?
¿Ansias de vida nueva en nuevos años?

¿Lamentará la juventud perdida?
Lejos quedó —la pobre loba— muerta.
¿La blanca juventud nunca vivida
teme, que ha de cantar ante su puerta?

¿Sonríe al sol de oro,
de la tierra de un sueño no encontrada;
y ve su nave hender el mar sonoro,
de viento y luz la blanca vela hinchada?

Él ha visto las hojas otoñales,
amarillas, rodar, las olorosas
ramas del eucalipto, los rosales
que enseñan otra vez sus blancas rosas...

Y este dolor que añora o desconfía
el temblor de una lágrima reprime,
y un resto de viril hipocresía
en el semblante pálido se imprime.

Serio retrato en la pared clarea
todavía. Nosotros divagamos.
En la tristeza del hogar golpea
el tic-tac del reloj. Todos callamos.


II


He andado muchos caminos,
he abierto muchas veredas;
he navegado en cien mares,
y atracado en cien riberas.

En todas partes he visto
caravanas de tristeza,
soberbios y melancólicos
borrachos de sombra negra,

y pedantones al paño
que miran, callan, y piensan
que saben, porque no beben
el vino de las tabernas.

Mala gente que camina
y va apestando la tierra...

Y en todas partes he visto
gentes que danzan o juegan,
cuando pueden, y laboran
sus cuatro palmos de tierra.

Nunca, si llegan a un sitio,
preguntan adónde llegan.
Cuando caminan, cabalgan
a lomos de mula vieja,

y no conocen la prisa
ni aun en los días de fiesta.
Donde hay vino, beben vino;
donde no hay vino, agua fresca.

Son buenas gentes que viven,
laboran, pasan y sueñan,
y en un día como tantos,
descansan bajo la tierra.

# III

La plaza y los naranjos encendidos
con sus frutas redondas y risueñas.

Tumulto de pequeños colegiales
que, al salir en desorden de la escuela,
llenan el aire de la plaza en sombra
con la algazara de sus voces nuevas.

¡Alegría infantil en los rincones
de las ciudades muertas!...
¡Y algo nuestro de ayer, que todavía
vemos vagar por estas calles viejas!

# IV
## EN EL ENTIERRO DE UN AMIGO

Tierra le dieron una tarde horrible
del mes de julio, bajo el sol de fuego.

A un paso de la abierta sepultura,
había rosas de podridos pétalos,

entre geranios de áspera fragancia
y roja flor. El cielo
puro y azul. Corría
un aire fuerte y seco.

De los gruesos cordeles suspendido,
pesadamente, descender hicieron
el ataúd al fondo de la fosa
los dos sepultureros...

Y al reposar sonó con recio golpe,
solemne, en el silencio.

Un golpe de ataúd en tierra es algo
perfectamente serio.

Sobre la negra caja se rompían
los pesados terrones polvorientos...

El aire se llevaba
de la honda fosa el blanquecino aliento.

—Y tú, sin sombra ya, duerme y reposa,
larga paz a tus huesos...

Definitivamente,
duerme un sueño tranquilo y verdadero.

V
## RECUERDO INFANTIL

Una tarde parda y fría
de invierno. Los colegiales
estudian. Monotonía
de lluvia tras los cristales.

Es la clase. En un cartel
se representa a Caín
fugitivo, y muerto Abel,
junto a una mancha carmín.

Con timbre sonoro y hueco
truena el maestro, un anciano
mal vestido, enjuto y seco,
que lleva un libro en la mano.

Y todo un coro infantil
va cantando la lección;
mil veces ciento, cien mil,
mil veces mil, un millón.

Una tarde parda y fría
de invierno. Los colegiales
estudian. Monotonía
de la lluvia en los cristales.

# VII

El limonero lánguido suspende
una pálida rama polvorienta,
sobre el encanto de la fuente limpia,
y allá en el fondo sueñan
los frutos de oro...

Es una tarde clara,
casi de primavera,
tibia tarde de marzo,
que el hálito de abril cercano lleva;
y estoy solo, en el patio silencioso,
buscando una ilusión cándida y vieja:
alguna sombra sobre el blanco muro,
algún recuerdo, en el pretil de piedra
de la fuente dormido, o, en el aire,
algún vagar de túnica ligera.

En el ambiente de la tarde flota
ese aroma de ausencia,
que dice al alma luminosa: nunca,
y al corazón: espera.

Ese aroma que evoca los fantasmas
de las fragancias vírgenes y muertas.

Sí, te recuerdo, tarde alegre y clara,
casi de primavera,
tarde sin flores, cuando me traías
el buen perfume de la hierbabuena,
y de la buena albahaca,
que tenía mi madre en sus macetas.

Que tú me viste hundir mis manos puras
en el agua serena,
para alcanzar los frutos encantados
que hoy en el fondo de la fuente sueñan...

Sí, te conozco, tarde alegre y clara,
casi de primavera.


## VIII

Yo escucho los cantos
de viejas cadencias,
que los niños cantan
cuando en coro juegan,
y vierten en coro
sus almas que sueñan,
cual vierten sus aguas
las fuentes de piedra:
con monotonías
de risas eternas,
que no son alegres,
con lágrimas viejas,

que no son amargas
y dicen tristezas,
tristezas de amores
de antiguas leyendas.

En los labios niños,
las canciones llevan
confusa la historia
y clara la pena;
como clara el agua
lleva su conseja
de viejos amores,
que nunca se cuentan.

Jugando, a la sombra
de una plaza vieja,
los niños cantaban...

La fuente de piedra
vertía su eterno
cristal de leyenda.

Cantaban los niños
canciones ingenuas,
de un algo que pasa
y que nunca llega:
la historia confusa
y clara la pena.

Seguía su cuento
la fuente serena;
borrada la historia,
contaba la pena.

# IX
## ORILLAS DEL DUERO

Se ha asomado una cigüeña a lo alto del campanario.
Girando en torno a la torre y al caserón solitario,
ya las golondrinas chillan. Pasaron del blanco invierno,
de nevascas y ventiscas los crudos soplos de infierno.

Es una tibia mañana.
El sol calienta un poquito la pobre tierra soriana.

Pasados los verdes pinos,
casi azules, primavera
se ve brotar en los finos
chopos de la carretera
y del río. El Duero corre, terso y mudo, mansamente.
El campo parece, más que joven, adolescente.

Entre las hierbas alguna humilde flor ha nacido,
azul o blanca. ¡Belleza del campo apenas florido,
y mística primavera!

¡Chopos del camino blanco, álamos de la ribera,
espuma de la montaña
ante la azul lejanía,
sol del día, claro día!
¡Hermosa tierra de España!

# X

A la desierta plaza
conduce un laberinto de callejas.
A un lado, el viejo paredón sombrío
de una ruinosa iglesia;
a otro lado, la tapia blanquecina
de un huerto de cipreses y palmeras,
y, frente a mí, la casa,
y en la casa, la reja,
ante el cristal que levemente empaña
su figurilla plácida y risueña.
Me apartaré. No quiero
llamar a tu ventana... Primavera
viene —su veste blanca
flota en el aire de la plaza muerta—;
viene a encender las rosas
rojas de tus rosales... Quiero verla...

# XI

Yo voy soñando caminos
de la tarde. ¡Las colinas
doradas, los verdes pinos,
las polvorientas encinas!...
¿Adónde el camino irá?
Yo voy cantando, viajero
a lo largo del sendero...
—La tarde cayendo está—.
«En el corazón tenía
»la espina de una pasión;
»logré arrancármela un día:
»ya no siento el corazón.»

Y todo el campo un momento
se queda, mudo y sombrío,
meditando. Suena el viento
en los álamos del río.

La tarde más se obscurece;
y el camino que serpea
y débilmente blanquea,
se enturbia y desaparece.

Mi cantar vuelve a plañir:
«Aguda espina dorada,

»quién te pudiera sentir
»en el corazón clavada.»


## XXI


Daba el reloj las doce... y eran doce
golpes de azada en tierra...
...¡Mi hora! —grité—... El silencio
me respondió: —No temas;
tú no verás caer la última gota
que en la clepsidra tiembla.

Dormirás muchas horas todavía
sobre la orilla vieja,
y encontrarás una mañana pura
amarrada tu barca a otra ribera.


## XXII


Sobre la tierra amarga,
caminos tiene el sueño
laberínticos, sendas tortuosas,
parques en flor y en sombra y en silencio;

criptas hondas, escalas sobre estrellas;
retablos de esperanzas y recuerdos.
Figurillas que pasan y sonríen
—juguetes melancólicos de viejo—;

imágenes amigas,
a la vuelta florida del sendero,
y quimeras rosadas
que hacen camino... lejos...

## XXVIII

Crear fiestas de amores
en nuestro amor pensamos,
quemar nuevos aromas
en montes no pisados,

y guardar el secreto
de nuestros rostros pálidos,
porque en las bacanales de la vida
vacías nuestras copas conservamos,

mientras con eco de cristal y espuma
ríen los zumos de la vid dorados.
..................................................
Un pájaro escondido entre las ramas
del parque solitario,
silba burlón...

Nosotros exprimimos
la penumbra de un sueño en nuestro vaso...
Y algo, que es tierra en nuestra carne, siente
la humedad del jardín como un halago.


## XXIX


Arde en tus ojos un misterio, virgen
esquiva y compañera.

No sé si es odio o es amor la lumbre
inagotable de tu aljaba negra.

Conmigo irás mientras proyecte sombra
mi cuerpo y quede a mi sandalia arena.

—¿Eres la sed o el agua en mi camino?
Dime, virgen esquiva y compañera.


## XXXII


Las ascuas de un crepúsculo morado
detrás del negro cipresal humean...

En la glorieta en sombra está la fuente
con su alado y desnudo Amor de piedra,
que sueña mudo. En la marmórea taza
reposa el agua muerta.


## XXXIII

¿Mi amor?... ¿Recuerdas, dime,
aquellos juncos tiernos,
lánguidos y amarillos
que hay en el cauce seco?...

¿Recuerdas la amapola
que calcinó el verano,
la amapola marchita,
negro crespón del campo?...

¿Te acuerdas del sol yerto
y humilde, en la mañana,
que brilla y tiembla roto
sobre una fuente helada?...

# XXXIV

Me dijo un alba de la primavera:
Yo florecí en tu corazón sombrío
ha muchos años, caminante viejo
que no cortas las flores del camino.

Tu corazón de sombra, ¿acaso guarda
el viejo aroma de mis viejos lirios?
¿Perfuman aún mis rosas la alba frente
del hada de tu sueño adamantino?

Respondí a la mañana:
Sólo tienen cristal los sueños míos.
Yo no conozco el hada de mis sueños;
ni sé si está mi corazón florido.

Pero si aguardas la mañana pura
que ha de romper el vaso cristalino,
quizás el hada te dará tus rosas,
mi corazón tus lirios.

# XXXV

Al borde del sendero un día nos sentamos.
Ya nuestra vida es tiempo, y nuestra sola cuita
son las desesperantes posturas que tomamos
para aguardar... Mas Ella no faltará a la cita.


# XXXVII

¡Oh, dime, noche amiga, amada vieja,
que me traes el retablo de mis sueños
siempre desierto y desolado, y sólo
con mi fantasma dentro,
mi pobre sombra triste
sobre la estepa y bajo el sol de fuego,
o soñando amarguras
en las voces de todos los misterios,
dime, si sabes, vieja amada, dime
si son mías las lágrimas que vierto!
Me respondió la noche:
Jamás me revelaste tu secreto.
Yo nunca supe, amado,
si eras tú ese fantasma de tu sueño,

ni averigüé si era su voz la tuya,
o era la voz de un histrión grotesco.

Dije a la noche: Amada mentirosa,
tú sabes mi secreto;
tú has visto la honda gruta
donde fabrica su cristal mi sueño,
y sabes que mis lágrimas son mías,
y sabes mi dolor, mi dolor viejo.

¡Oh! Yo no sé, dijo la noche, amado,
yo no sé tu secreto,
aunque he visto vagar ese, que dices
desolado fantasma, por tu sueño.
Yo me asomo a las almas cuando lloran
y escucho su hondo rezo,
humilde y solitario,
ese que llamas salmo verdadero;
pero en las hondas bóvedas del alma
no sé si el llanto es una voz o un eco.

Para escuchar tu queja de tus labios
yo te busqué en tu sueño,
y allí te vi vagando en un borroso
laberinto de espejos.

# XLVIII
## LAS MOSCAS

Vosotras, las familiares,
inevitables golosas,
vosotras, moscas vulgares,
me evocáis todas las cosas.

¡Oh, viejas moscas voraces
como abejas en abril,
viejas moscas pertinaces
sobre mi calva infantil!

¡Moscas del primer hastío
en el salón familiar,
las claras tardes de estío
en que yo empecé a soñar!

Y en la aborrecida escuela,
raudas moscas divertidas,
perseguidas
por amor de lo que vuela,

—que todo es volar— sonoras,
rebotando en los cristales
en los días otoñales...
Moscas de todas las horas,

de infancia y adolescencia,
de mi juventud dorada;
de esta segunda inocencia,
que da en no creer en nada,

de siempre... Moscas vulgares,
que de puro familiares
no tendréis digno cantor:
yo sé que os habéis posado

sobre el juguete encantado,
sobre el librote cerrado,
sobre la carta de amor,
sobre los párpados yertos
de los muertos.

Inevitables golosas,
que ni labráis como abejas,
ni brilláis cual mariposas;
pequeñitas, revoltosas,
vosotras, amigas viejas,
me evocáis todas las cosas.

## LIX

Anoche cuando dormía
soñé, ¡bendita ilusión!,

que una fontana fluía
dentro de mi corazón.
Di, ¿por qué acequia escondida,
agua, vienes hasta mí,
manantial de nueva vida
en donde nunca bebí?

Anoche cuando dormía
soñé, ¡bendita ilusión!,
que una colmena tenía
dentro de mi corazón;
y las doradas abejas
iban fabricando en él,
con las amarguras viejas,
blanca cera y dulce miel.

Anoche cuando dormía
soñé, ¡bendita ilusión!,
que un ardiente sol lucía
dentro de mi corazón.
Era ardiente porque daba
calores de rojo hogar,
y era sol porque alumbraba
y porque hacía llorar.

Anoche cuando dormía
soñé, ¡bendita ilusión!,
que era Dios lo que tenía
dentro de mi corazón.

# LX

¿Mi corazón se ha dormido?
Colmenares de mis sueños
¿ya no labráis? ¿Está seca
la noria del pensamiento,
los cangilones vacíos,
girando, de sombra llenos?

No, mi corazón no duerme.
Está despierto, despierto.
Ni duerme ni sueña, mira,
los claros ojos abiertos,
señas lejanas y escucha
a orillas del gran silencio.


# LXII

Desgarrada la nube; el arco iris
brillando ya en el cielo,
y en un fanal de lluvia
y sol el campo envuelto.

Desperté. ¿Quién enturbia
los mágicos cristales de mi sueño?
Mi corazón latía
atónito y disperso.

...¡El limonar florido,
el cipresal del huerto,
el prado verde, el sol, el agua, el iris...!
¡el agua en tus cabellos!...

Y todo en la memoria se perdía
como una pompa de jabón al viento.


## LXXII


La casa tan querida
donde habitaba ella,
sobre un montón de escombros arruinada
o derruida, enseña
el negro y carcomido
maltrabado esqueleto de madera.

La luna está vertiendo
su clara luz en sueños que platea
en las ventanas. Mal vestido y triste,
voy caminando por la calle vieja.

# LXXIII

Ante el pálido lienzo de la tarde,
la iglesia, con sus torres afiladas
y el ancho campanario, en cuyos huecos
voltean suavemente las campanas,
alta y sombría, surge.

La estrella es una lágrima
en el azul celeste.
Bajo la estrella clara,
flota, vellón disperso,
una nube quimérica de plata.


# LXXIV

Tarde tranquila, casi
con placidez de alma,
para ser joven, para haberlo sido
cuando Dios quiso, para
tener algunas alegrías... lejos,
y poder dulcemente recordarlas.

# LXXVII

## [I]

Es una tarde cenicienta y mustia,
destartalada, como el alma mía;
y es esta vieja angustia
que habita mi usual hipocondría.

La causa de esta angustia no consigo
ni vagamente comprender siquiera;
pero recuerdo y, recordando, digo:
—Sí, yo era niño, y tú, mi compañera.

## [II]

Y no es verdad, dolor, yo te conozco,
tú eres nostalgia de la vida buena
y soledad de corazón sombrío,
de barco sin naufragio y sin estrella.

Como perro olvidado que no tiene
huella ni olfato y yerra
por los caminos, sin camino, como
el niño que en la noche de una fiesta

se pierde entre el gentío
y el aire polvoriento y las candelas
chispeantes, atónito, y asombra
su corazón de música y de pena,

así voy yo, borracho melancólico,
guitarrista lunático, poeta,
y pobre hombre en sueños,
siempre buscando a Dios entre la niebla.


## LXXVIII


¿Y ha de morir contigo el mundo mago
donde guarda el recuerdo
los hálitos más puros de la vida,
la blanca sombra del amor primero,

la voz que fue a tu corazón, la mano
que tú querías retener en sueños,
y todos los amores
que llegaron el alma, al hondo cielo?

¿Y ha de morir contigo el mundo tuyo,
la vieja vida en orden tuyo y nuevo?
¿Los yunques y crisoles de tu alma
trabajan para el polvo y para el viento?

## LXXXVIII

Tal vez la mano, en sueños,
del sembrador de estrellas,
hizo sonar la música olvidada

como una nota de la lira inmensa,
y la ola humilde a nuestros labios vino
de unas pocas palabras verdaderas.


## XCVII
## RETRATO

Mi infancia son recuerdos de un patio de Sevilla,
y un huerto claro donde madura el limonero;
mi juventud, veinte años en tierra de Castilla;
mi historia, algunos casos que recordar no quiero.

Ni un seductor Mañara, ni un Bradomín he sido
—ya conocéis mi torpe aliño indumentario—,
mas recibí la flecha que me asignó Cupido,
y amé cuanto ellas pueden tener de hospitalario.

Hay en mis venas gotas de sangre jacobina,
pero mi verso brota de manantial sereno;
y, más que un hombre al uso que sabe su doctrina,
soy, en el buen sentido de la palabra, bueno.

Adoro la hermosura, y en la moderna estética
corté las viejas rosas del huerto de Ronsard;
mas no amo los afeites de la actual cosmética,
ni soy un ave de esas del nuevo gay-trinar.

Desdeño las romanzas de los tenores huecos
y el coro de los grillos que cantan a la luna.
A distinguir me paro las voces de los ecos,
y escucho solamente, entre las voces, una.

¿Soy clásico o romántico? No sé. Dejar quisiera
mi verso, como deja el capitán su espada:
famosa por la mano viril que la blandiera,
no por el docto oficio del forjador preciada.

Converso con el hombre que siempre va conmigo
—quien habla solo espera hablar a Dios un día—;
mi soliloquio es plática con este buen amigo
que me enseñó el secreto de la filantropía.

Y al cabo, nada os debo; debéisme cuanto he escrito.
A mi trabajo acudo, con mi dinero pago
el traje que me cubre y la mansión que habito,
el pan que me alimenta y el lecho en donde yago.

Y cuando llegue el día del último viaje,
y esté al partir la nave que nunca ha de tornar,

me encontraréis a bordo ligero de equipaje,
casi desnudo, como los hijos de la mar.


## XCVIII
## A ORILLAS DEL DUERO

Mediaba el mes de julio. Era un hermoso día.
Yo, solo, por las quiebras del pedregal subía,
buscando los recodos de sombra, lentamente.
A trechos me paraba para enjugar mi frente
y dar algún respiro al pecho jadeante;
o bien, ahincando el paso, el cuerpo hacia adelante
y hacia la mano diestra vencido y apoyado
en un bastón, a guisa de pastoril cayado,
trepaba por los cerros que habitan las rapaces
aves de altura, hollando las hierbas montaraces
de fuerte olor —romero, tomillo, salvia, espliego—.
Sobre los agrios campos caía un sol de fuego.

Un buitre de anchas alas con majestuoso vuelo
cruzaba solitario el puro azul del cielo.
Yo divisaba, lejos, un monte alto y agudo,
y una redonda loma cual recamado escudo,
y cárdenos alcores sobre la parda tierra
—harapos esparcidos de un viejo arnés de
                                         [guerra—,
las serrezuelas calvas por donde tuerce el Duero
para formar la corva ballesta de un arquero
en torno a Soria. —Soria es una barbacana,

190

hacia Aragón, que tiene la torre castellana—.
Veía el horizonte cerrado por colinas
obscuras, coronadas de robles y de encinas;
desnudos peñascales, algún humilde prado
donde el merino pace y el toro, arrodillado
sobre la hierba, rumia; las márgenes del río
lucir sus verdes álamos al claro sol de estío,
y, silenciosamente, lejanos pasajeros,
¡tan diminutos! —carros, jinetes y arrieros—
cruzar el largo puente, y bajo las arcadas
de piedra ensombrecerse las aguas plateadas
del Duero.

El Duero cruza el corazón de roble
de Iberia y de Castilla.

¡Oh, tierra triste y noble,
la de los altos llanos y yermos y roquedas,
de campos sin arados, regatos ni arboledas;
decrépitas ciudades, caminos sin mesones,
y atónitos palurdos sin danzas ni canciones
que aún van, abandonando el mortecino hogar,
como tus largos ríos, Castilla, hacia la mar!

Castilla miserable, ayer dominadora,
envuelta en sus andrajos desprecia cuanto ignora.
¿Espera, duerme o sueña? ¿La sangre derramada
recuerda, cuando tuvo la fiebre de la espada?
Todo se mueve, fluye, discurre, corre o gira;
cambian la mar y el monte y el ojo que los mira.
¿Pasó? Sobre sus campos aún el fantasma yerra
de un pueblo que ponía a Dios sobre la guerra.

La madre en otro tiempo fecunda en capitanes
madrastra es hoy apenas de humildes ganapanes.
Castilla no es aquella tan generosa un día,
cuando Myo Cid Rodrigo el de Vivar volvía,
ufano de su nueva fortuna y su opulencia,
a regalar a Alfonso los huertos de Valencia;
o que, tras la aventura que acreditó sus bríos,
pedía la conquista de los inmensos ríos
indianos a la corte, la madre de soldados,
guerreros y adalides que han de tornar, cargados
de plata y oro, a España, en regios galeones,
para la presa cuervos, para la lid leones.
Filósofos nutridos de sopa de convento
contemplan impasibles el amplio firmamento;
y si les llega en sueños, como un rumor distante,
clamor de mercaderes de muelles de Levante,
no acudirán siquiera a preguntar ¿qué pasa?
Y ya la guerra ha abierto las puertas de su casa.

Castilla miserable, ayer dominadora,
envuelta en sus harapos desprecia cuanto ignora.

El sol va declinando. De la ciudad lejana
me llega un armonioso tañido de campana
—ya irán a su rosario las enlutadas viejas—.
De entre las peñas salen dos lindas comadrejas;
me miran y se alejan, huyendo, y aparecen
de nuevo ¡tan curiosas!... Los campos se obscurecen.
Hacia el camino blanco está el mesón abierto
al campo ensombrecido y al pedregal desierto.

# CI
## EL DIOS IBERO

Igual que el ballestero
tahúr de la cantiga,
tuviera una saeta el hombre ibero
para el Señor que apedreó la espiga
y malogró los frutos otoñales,
y un «gloria a ti» para el Señor que grana
centenos y trigales
que el pan bendito le darán mañana.

«Señor de la ruina,
adoro porque aguardo y porque temo:
con mi oración se inclina
hacia la tierra un corazón blasfemo.

¡Señor, por quien arranco el pan con pena,
sé tu poder, conozco mi cadena!
¡Oh dueño de la nube del estío
que la campiña arrasa,
del seco otoño, del helar tardío,
y del bochorno que la mies abrasa!

¡Señor del iris, sobre el campo verde
donde la oveja pace,

Señor del fruto que el gusano muerde
y de la choza que el turbión deshace,

tu soplo el fuego del hogar aviva,
tu lumbre da sazón al rubio grano,
y cuaja el hueso de la verde oliva,
la noche de San Juan, tu santa mano!

¡Oh dueño de fortuna y de pobreza,
ventura y malandanza,
que al rico das favores y pereza
y al pobre su fatiga y su esperanza!

¡Señor, Señor: en la voltaria rueda
del año he visto mi simiente echada,
corriendo igual albur que la moneda
del jugador en el azar sembrada!

¡Señor, hoy paternal, ayer cruento,
con doble faz de amor y de venganza,
a ti, en un dado de tahúr al viento
va mi oración, blasfemia y alabanza!»

Este que insulta a Dios en los altares,
no más atento al ceño del destino,
también soñó caminos en los mares
y dijo: es Dios sobre la mar camino.

¿No es él quien puso a Dios sobre la guerra,
más allá de la suerte,
más allá de la tierra,
más allá de la mar y de la muerte?

¿No dio la encina ibera
para el fuego de Dios la buena rama,
que fue en la santa hoguera
de amor una con Dios en pura llama?

Mas hoy... ¡Qué importa un día!
Para los nuevos lares
estepas hay en la floresta umbría,
leña verde en los viejos encinares.

Aún larga patria espera
abrir al corvo arado sus besanas;
para el grano de Dios hay sementera
bajo cardos y abrojos y bardanas.

¡Qué importa un día! Está el ayer alerto
al mañana, mañana al infinito,
hombres de España, ni el pasado ha muerto,
ni está el mañana —ni el ayer— escrito.

¿Quién ha visto la faz al Dios hispano?
Mi corazón aguarda
al hombre ibero de la recia mano,
que tallará en el roble castellano
el Dios adusto de la tierra parda.

# CIV

¿Eres tú, Guadarrama, viejo amigo,
la sierra gris y blanca,
la sierra de mis tardes madrileñas
que yo veía en el azul pintada?

Por tus barrancos hondos
y por tus cumbres agrias,
mil Guadarramas y mil soles vienen,
cabalgando conmigo, a tus entrañas.

*Camino de Balsaín, 1911*

# CXIII
## CAMPOS DE SORIA
### (VI)

¡Soria fría, *Soria pura,*
*cabeza de Extremadura*,
con su castillo guerrero
arruinado, sobre el Duero;
con sus murallas roídas
y sus casas denegridas!

¡Muerta ciudad de señores
soldados o cazadores;
de portales con escudos
de cien linajes hidalgos,
y de famélicos galgos,
de galgos flacos y agudos,
que pululan
por las sórdidas callejas,
y a la media noche ululan,
cuando graznan las cornejas!

¡Soria fría! La campana
de la Audiencia da la una.
Soria, ciudad castellana
¡tan bella! bajo la luna.

(VII)

¡Colinas plateadas,
grises alcores, cárdenas roquedas
por donde traza el Duero
su curva de ballesta
en torno a Soria, obscuros encinares,
ariscos pedregales, calvas sierras,
caminos blancos y álamos del río,
tardes de Soria, mística y guerrera,
hoy siento por vosotros, en el fondo
del corazón, tristeza,
tristeza que es amor! ¡Campos de Soria
donde parece que las rocas sueñan,
conmigo vais! ¡Colinas plateadas,
grises alcores, cárdenas roquedas!...

(VIII)

He vuelto a ver los álamos dorados,
álamos del camino en la ribera
del Duero, entre San Polo y San Saturio,
tras las murallas viejas
de Soria —barbacana
hacia Aragón, en castellana tierra.

Estos chopos del río, que acompañan
con el sonido de sus hojas secas
el son del agua, cuando el viento sopla,
tienen en sus cortezas
grabadas iniciales que son nombres
de enamorados, cifras que son fechas.
¡Álamos del amor que ayer tuvisteis
de ruiseñores vuestras ramas llenas;
álamos que seréis mañana liras
del viento perfumado en primavera;
álamos del amor cerca del agua
que corre y pasa y sueña,
álamos de las márgenes del Duero,
conmigo vais, mi corazón os lleva!

(IX)

¡Oh!, sí, conmigo vais, campos de Soria,
tardes tranquilas, montes de violeta,
alamedas del río, verde sueño
del suelo gris y de la parda tierra,
agria melancolía

de la ciudad decrépita,
me habéis llegado al alma,
¿o acaso estabais en el fondo de ella?
¡Gentes del alto llano numantino
que a Dios guardáis como cristianas viejas,
que el sol de España os llene
de alegría, de luz y de riqueza!


# CXV
## A UN OLMO SECO


Al olmo viejo, hendido por el rayo
y en su mitad podrido,
con las lluvias de abril y el sol de mayo,
algunas hojas verdes le han salido.

¡El olmo centenario en la colina
que lame el Duero! Un musgo amarillento
le mancha la corteza blanquecina
al tronco carcomido y polvoriento.

No será, cual los álamos cantores
que guardan el camino y la ribera,
habitado de pardos ruiseñores.

Ejército de hormigas en hilera
va trepando por él, y en sus entrañas
urden sus telas grises las arañas.

Antes que te derribe, olmo del Duero,
con su hacha el leñador, y el carpintero
te convierta en melena de campana,
lanza de carro o yugo de carreta;
antes que rojo en el hogar, mañana,
ardas de alguna mísera caseta,
al borde de un camino;
antes que te descuaje un torbellino
y tronche el soplo de las sierras blancas;
antes que el río hasta la mar te empuje
por valles y barrancas,
olmo, quiero anotar en mi cartera
la gracia de tu rama verdecida.
Mi corazón espera
también, hacia la luz y hacia la vida,
otro milagro de la primavera.

*Soria, 1912*


## CXVI
## RECUERDOS


¡Oh, Soria, cuando miro los frescos naranjales
cargados de perfume, y el campo enverdecido,
abiertos los jazmines, maduros los trigales,
azules las montañas y el olivar florido;
Guadalquivir corriendo al mar entre vergeles;
y al sol de abril los huertos colmados de azucenas,

200

y los enjambres de oro, para libar sus mieles
dispersos en los campos, huir de sus colmenas;
yo sé la encina roja crujiendo en tus hogares,
barriendo el cierzo helado tu campo empedernido;
y en sierras agrias sueño —¡Urbión, sobre pinares!
¡Moncayo blanco, al cielo aragonés, erguido!—
Y pienso: Primavera, como un escalofrío
irá a cruzar el alto solar del romancero,
ya verdearán de chopos las márgenes del río.
¿Dará sus verdes hojas el olmo aquel del Duero?
Tendrán los campanarios de Soria sus cigüeñas,
y la roqueda parda más de un zarzal en flor;
ya los rebaños blancos, por entre grises peñas,
hacia los altos prados conducirá el pastor.

¡Oh, en el azul, vosotras, viajeras golondrinas
que vais al joven Duero, rebaños de merinos,
con rumbo hacia las altas praderas numantinas,
por las cañadas hondas y al sol de los caminos;
hayedos y pinares que cruza el ágil ciervo,
montañas, serrijones, lomazos, parameras,
en donde reina el águila, por donde busca el cuervo
su infecto expoliario; menudas sementeras
cual sayos cenicientos, casetas y majadas
entre desnuda roca, arroyos y hontanares
donde a la tarde beben las yuntas fatigadas,
dispersos huertecillos, humildes abejares!...

¡Adiós, tierra de Soria; adiós el alto llano
cercado de colinas y crestas militares,
alcores y roquedas del yermo castellano,
fantasmas de robledos y sombras de encinares!

En la desesperanza y en la melancolía
de tu recuerdo, Soria, mi corazón se abreva.
Tierra de alma, toda, hacia la tierra mía,
por los floridos valles, mi corazón te lleva.

*En el tren.—Abril 1913*


## CXVII
## AL MAESTRO «AZORÍN»
## POR SU LIBRO *CASTILLA*


La venta de Cidones está en la carretera
que va de Soria a Burgos. Leonarda, la ventera,
que llaman la Ruipérez, es una viejecita
que aviva el fuego donde borbolla la marmita.
Ruipérez, el ventero, un viejo diminuto
—bajo las cejas grises, dos ojos de hombre
                                [astuto—,
contempla silencioso la lumbre del hogar.
Se oye la marmita al fuego borbollar.
Sentado ante una mesa de pino, un caballero
escribe. Cuando moja la pluma en el tintero,
dos ojos tristes lucen en un semblante enjuto.
El caballero es joven, vestido va de luto.
El viento frío azota los chopos del camino.
Se ve pasar de polvo un blanco remolino.
La tarde se va haciendo sombría. El enlutado,

la mano en la mejilla, medita ensimismado.
Cuando el correo llegue, que el caballero aguarda,
la tarde habrá caído sobre la tierra parda
de Soria. Todavía los grises serrijones,
con ruinas de encinares y mellas de aluviones,
las lomas azuladas, las agrias barranqueras,
picotas y colinas, ribazos y laderas
del páramo sombrío por donde cruza el Duero,
darán al sol de ocaso su resplandor de acero.
La venta se obscurece. El rojo lar humea.
La mecha de un mohoso candil arde y chispea.
El enlutado tiene clavados en el fuego
los ojos largo rato; se los enjuga luego
con un pañuelo blanco. ¿Por qué le hará llorar
el son de la marmita, el ascua del hogar?
Cerró la noche. Lejos se escucha el traqueteo
y el galopar de un coche que avanza. Es el correo.


## CXVIII
## CAMINOS


De la ciudad moruna
tras las murallas viejas,
yo contemplo la tarde silenciosa,
a solas con mi sombra y con mi pena.

El río va corriendo,
entre sombrías huertas

y grises olivares,
por los alegres campos de Baeza.


tienen las vides pámpanos dorados
sobre las rojas cepas.
Guadalquivir, como un alfanje roto
y disperso, reluce y espejea.

Lejos, los montes duermen
envueltos en la niebla,
niebla de otoño, maternal; descansan
las rudas moles de su ser de piedra
en esta tibia tarde de noviembre,
tarde piadosa, cárdena y violeta.

El viento ha sacudido
los mustios olmos de la carretera,
levantando en rosados torbellinos
el polvo de la tierra.
La luna está subiendo
amoratada, jadeante y llena.

Los caminitos blancos
se cruzan y se alejan,
buscando los dispersos caseríos
del valle y de la sierra.
Caminos de los campos...
¡Ay, ya no puedo caminar con ella!

## CXIX

Señor, ya me arrancaste lo que yo más quería.
Oye otra vez, Dios mío, mi corazón clamar.
Tu voluntad se hizo, Señor, contra la mía.
Señor, ya estamos solos mi corazón y el mar.


## CXX

Dice la esperanza: un día
la verás, si bien esperas.
Dice la desesperanza:
sólo tu amargura es ella.
Late, corazón... No todo
se lo ha tragado la tierra.

## CXXI

Allá, en las tierras altas,
por donde traza el Duero
su curva de ballesta
en torno a Soria, entre plomizos cerros
y manchas de raídos encinares,
mi corazón está vagando, en sueños...

¿No ves, Leonor, los álamos del río
con sus ramajes yertos?
Mira el Moncayo azul y blanco; dame
tu mano y paseemos.
Por estos campos de la tierra mía,
bordados de olivares polvorientos,
voy caminando solo,
triste, cansado, pensativo y viejo.

## CXXII

Soñé que tú me llevabas
por una blanca vereda,
en medio del campo verde,

hacia el azul de las sierras,
hacia los montes azules,
una mañana serena.

Sentí tu mano en la mía,
tu mano de compañera,
tu voz de niña en mi oído
como una campana nueva,
como una campana virgen
de un alba de primavera.
¡Eran tu voz y tu mano,
en sueños, tan verdaderas!...
Vive, esperanza, ¡quién sabe
lo que se traga la tierra!


CXXIII


Una noche de verano
—estaba abierto el balcón
y la puerta de mi casa—
la muerte en mi casa entró.
Se fue acercando a su lecho
—ni siquiera me miró—
con unos dedos muy finos,
algo muy tenue rompió.
Silenciosa y sin mirarme,
la muerte otra vez pasó
delante de mí. ¿Qué has hecho?

La muerte no respondió.
Mi niña quedó tranquila,
dolido mi corazón.
¡Ay, lo que la muerte ha roto
era un hilo entre los dos!

## CXXIV

Al borrarse la nieve, se alejaron
los montes de la sierra.
La vega ha verdecido
al sol de abril, la vega
tiene la verde llama,
la vida, que no pesa;
y piensa el alma en una mariposa,
atlas del mundo, y sueña.
Con el ciruelo en flor y el campo verde,
con el glauco vapor de la ribera,
en torno de las ramas,
con las primeras zarzas que blanquean,
con este dulce soplo
que triunfa de la muerte y de la piedra,
esta amargura que me ahoga fluye
en esperanza de Ella...

## CXXV

En estos campos de la tierra mía,
y extranjero en los campos de mi tierra
—yo tuve patria donde corre el Duero
por entre grises peñas,
y fantasmas de viejos encinares,
allá en Castilla, mística y guerrera,
Castilla la gentil, humilde y brava,
Castilla del desdén y de la fuerza—,
en estos campos de mi Andalucía,
¡oh, tierra en que nací!, cantar quisiera.
Tengo recuerdos de mi infancia, tengo
imágenes de luz y de palmeras,
y en una gloria de oro,
de lueñes campanarios con cigüeñas,
de ciudades con calles sin mujeres
bajo un cielo de añil, plazas desiertas
donde crecen naranjos encendidos
con sus frutas redondas y bermejas;
y en un huerto sombrío, el limonero
de ramas polvorientas
y pálidos limones amarillos,
que el agua clara de la fuente espeja,
un aroma de nardos y claveles
y un fuerte olor de albahaca y hierbabuena;
imágenes de grises olivares

bajo un tórrido sol que aturde y ciega,
y azules y dispersas serranías
con arreboles de una tarde inmensa;
mas falta el hilo que el recuerdo anuda
al corazón, el ancla en su ribera,
o estas memorias no son alma. Tienen,
en sus abigarradas vestimentas,
señal de ser despojos del recuerdo,
la carga bruta que el recuerdo lleva.
Un día tornarán, con luz del fondo ungidos,
los cuerpos virginales a la orilla vieja.

*Lora del Río, 4 abril 1913*

## CXXVI
## A JOSÉ MARÍA PALACIO

Palacio, buen amigo,
¿está la primavera
vistiendo ya las ramas de los chopos
del río y los caminos? En la estepa
del alto Duero, Primavera tarda,
¡pero es tan bella y dulce cuando llega!...
¿Tienen los viejos olmos
algunas hojas nuevas?
Aún las acacias estarán desnudas
y nevados los montes de las sierras.
¡Oh, mole del Moncayo blanca y rosa,
allá, en el cielo de Aragón, tan bella!

¿Hay zarzas florecidas
entre las grises peñas,
y blancas margaritas
entre la fina hierba?
Por esos campanarios
ya habrán ido llegando las cigüeñas.
Habrá trigales verdes,
y mulas pardas en las sementeras,
y labriegos que siembran los tardíos
con las lluvias de abril. Ya las abejas
libarán del tomillo y el romero.
¿Hay ciruelos en flor? ¿Quedan violetas?
Furtivos cazadores, los reclamos
de la perdiz bajo las capas luengas,
no faltarán. Palacio, buen amigo
¿tienen ya ruiseñores las riberas?
Con los primeros lirios
y las primeras rosas de las huertas,
en una tarde azul, sube al Espino,
al alto Espino donde está su tierra...

*Baeza, 29 de abril 1913*


## CXXXI
## DEL PASADO EFÍMERO

Este hombre del casino provinciano
que vio a Carancha recibir un día,

tiene mustia la tez, el pelo cano,
ojos velados por melancolía;
bajo el bigote gris, labios de hastío,
y una triste expresión, que no es tristeza,
sino algo más y menos: el vacío
del mundo en la oquedad de su cabeza.
Aún luce de corinto terciopelo
chaqueta y pantalón abotinado,
y un cordobés color de caramelo,
pulido y torneado.
Tres veces heredó; tres ha perdido
al monte su caudal; dos ha enviudado.
Sólo se anima ante el azar prohibido,
sobre el verde tapete reclinado,
o al evocar la tarde de un torero,
la suerte de un tahúr, o si alguien cuenta
la hazaña de un gallardo bandolero,
o la proeza de un matón, sangrienta.
Bosteza de política banales
dicterios al gobierno reaccionario,
y augura que vendrán los liberales,
cual torna la cigüeña al campanario.
Un poco labrador, del cielo aguarda
y al cielo teme; alguna vez suspira,
pensando en su olivar, y al cielo mira
con ojo inquieto, si la lluvia tarda.
Lo demás, taciturno, hipocondriaco,
prisionero en la Arcadia del presente,
le aburre; sólo el humo del tabaco
simula algunas sombras en su frente.
Este hombre no es de ayer ni es de mañana,
sino de nunca; de la cepa hispana

no es el fruto maduro ni podrido,
es una fruta vana
de aquella España que pasó y no ha sido,
esa que hoy tiene la cabeza cana.


## CXXXV
## EL MAÑANA EFÍMERO

*A Roberto Castrovido*

La España de charanga y pandereta,
cerrado y sacristía,
devota de Frascuelo y de María,
de espíritu burlón y de alma quieta,
ha de tener su mármol y su día,
su infalible mañana y su poeta.
El vano ayer engendrará un mañana
vacío y ¡por ventura! pasajero.
Será un joven lechuzo y tarambana,
un sayón con hechuras de bolero,
a la moda de Francia realista,
un poco al uso de París pagano,
y al estilo de España especialista
en el vicio al alcance de la mano.
Esa España inferior que ora y bosteza,
vieja y tahúr, zaragatera y triste;
esa España inferior que ora y embiste,
cuando se digna usar de la cabeza,
aún tendrá luengo parto de varones
amantes de sagradas tradiciones

213

y de sagradas formas y maneras;
florecerán las barbas apostólicas,
y otras calvas en otras calaveras
brillarán, venerables y católicas.
El vano ayer engendrará un mañana
vacío y ¡por ventura! pasajero,
la sombra de un lechuzo tarambana,
de un sayón con hechuras de bolero,
el vacuo ayer dará un mañana huero.
Como la náusea de un borracho ahíto
de vino malo, un rojo sol corona
de heces turbias las cumbres de granito;
hay un mañana estomagante escrito
en la tarde pragmática y dulzona.
Mas otra España nace,
la España del cincel y de la maza,
con esa eterna juventud que se hace
del pasado macizo de la raza.
Una España implacable y redentora,
España que alborea
con un hacha en la mano vengadora,
España de la rabia y de la idea.

*1913*

# FRANCISCO VILLAESPESA
## (1877 - 1936)

FRANCISCO VILLAESPESA

Este andaluz de Almería, bohemio del modernismo, autor dramático de éxito con un teatro de pedrería, fue autor de una obra poética abundante y en la que hay más hondura, más densidad y más penetración simbólica de lo que a veces se ha creído. La crítica reciente tiende a poner de relieve estos valores indudables y no siempre tenidos en cuenta. Lo ha editado selectivamente Luis F. Díaz Larios (1977).

# AUTORRETRATO

Por la espaciosa frente pálida y pensativa,
desciende la melena en dos rizos iguales.
Negros ojos miopes, gruesa nariz lasciva,
la faz oval y fina, los labios sensuales.

Sobre el flexible cuerpo, perturban la negrura
del enlutado traje que su dolor retrata,
el d'annunziano cuello con su nívea blancura
y con manchas sangrientas la flotante corbata.

Apura un cigarrillo Kedive, reclinado
en un diván oscuro, y entre el humo azulado
del tabaco, sus ojos contemplan con amor

el azul de las venas sobre las manos finas,
dignas de rasgar velos de princesas latinas
y ceñir el anillo del Santo Pescador.

## ENSUEÑO DE OPIO

Es otra señorita de Maupín. Es viciosa
y frágil como aquella imagen del placer,
que en la elegancia rítmica de su sonora prosa
nos dibujó la pluma de Teófilo Gautier.

Sus rojos labios sáficos, sensitivos y ambiguos,
a la par piden besos de hombre y de mujer,
sintiendo la nostalgia de los faunos antiguos,
cuyos labios sabían alargar el placer.

Ama los goces sádicos. Se inyecta de morfina;
pincha a su gata blanca. El éter la fascina
y el opio le produce un ensueño oriental...

De súbito, su cuerpo de amor vibra y se inflama
al ver, entre los juncos, temblar como una llama
la lengua roja y móvil de algún tigre real.

## LA MUSA VERDE

Es uno de esos días cálidos y angustiosos
que presagian trastornos atmosféricos. Una
luz lívida nos hace pensar en venenosos
metálicos reflejos de una muerta laguna.

Todo está en carne viva. Lo más sutil se siente.
Al corazón, la asfixia de su dolor sofoca...
Parece que los nervios maceran lentamente
los dientes puntiagudos de una sádica boca.

Es tu hora sombría, ¡oh Baudelaire! Fumamos
opio, se bebe ajenjo, y, embriagados, soñamos
con tus artificiales paraísos perdidos...

Al alma invade el ansia de muertes misteriosas,
y sentimos deseos de quedarnos dormidos
sobre un lecho fragante de flores venenosas.

# OFRENDA

Tienes el aire de esas inglesas silenciosas
que en los bancos musgosos de sus parques ducales,
mientras deshoja el viento las penúltimas rosas,
musitan melancólicas baladas otoñales.

Cuando tras las ventanas esperas nuestra cita,
hilando en áurea rueca tus encantos nevados,
sólo entonces te falta, para ser Margarita,
tener ojos azules y cabellos dorados.

Cincelé, como aquellos orfebres medievales,
en tu honor, estas rimas, mis regalos nupciales...
Sobre heráldico trono sonríes dulcemente...

Preludian una marcha los violines tziganos,
y un paje rubio —el Sueño— se inclina reverente
a dejar este libro en tus pálidas manos.

## EL POEMA DEL OPIO

*A Ricardo Baeza*

Mientras, sobre moriscos almohadones,
se inclina fatigada la cabeza,
amengua el corazón sus pulsaciones
y enerva nuestros miembros la pereza.

Respira libremente, en una rara
levedad, la materia adormecida,
cual si un ser invisible nos quitara
de los hombros el peso de la vida.

Me envuelven las azules espirales
de mi pipa en volutas irreales,
como serpientes a un rumor despiertas,

y adormecen mi alma con sus giros,
clavando en mis pupilas entreabiertas
sus hipnóticos ojos de zafiros.

# VORREI MORIRE

Sentir intensamente la vida. Haber amado
y haber sufrido mucho, tener el alma ciega
esperando en la sombra una luz que no llega
o empeñada en dar vida a un sueño ya pasado.

Amar lo fugitivo. Enamorarse de una
sonrisa, de una sombra... Sentir la poesía
de alguna melancólica y lejana armonía
que, de un balcón abierto, vuela bajo la luna.

Despreciar lo mezquino. Hacer con loco empeño
del ensueño la vida y de la vida ensueño...
Extenuarse en una larga caricia loca;

y al final de una tarde magnífica y florida
esfumarse en el cielo, abandonar la vida
con un sonoro verso de amores en la boca.

# BALADA

Llamaron quedo, muy quedo,
a las puertas de la casa.

—¿Será algún sueño —le dije—
que viene a alegrar tu alma?

—¡Quizás! —contestó riendo...
Su risa y su voz soñaban.

Volvieron a llamar quedo
a las puertas de la casa...

—¿Será el amor? —grité, pálido,
llenos los ojos de lágrimas...

—Acaso —dijo mirándome...
Su voz de pasión temblaba...

Llamaron quedo, muy quedo,
a las puertas de la casa.

—¿Será la Muerte? —le dije...
Ella no me dijo nada...

Y se quedó inmóvil, rígida,
sobre la blanca almohada,
las manos como la cera
y las mejillas muy pálidas.

## RIMAS

La noche me envolvió como un perfume;
y en el silencio tus pisadas eran
un lento resbalar de terciopelos
sobre una frágil ilusión de seda.

Tembló tu corazón bajo mi mano
con timideces de paloma presa,
y aspiré en el aliento de tu boca
todo el perfume de la primavera.

Tus rizos me envolvieron. Y entre el vago
olor a musgo de tu cabellera,
suspirante absorbí como un veneno
el acre aroma de tu carne enferma.

Las lágrimas sonoras de una copla
con el perfume de la noche entran
por mi balcón, y todo cuanto duerme
en mi callado corazón despierta.

«¡Amor, amor, amor! Sangre de celos»,
gime la triste copla callejera:
blanca paloma herida que sangrando
a refugiarse a mis recuerdos llega.

¿Ya no recuerdas aquel rostro pálido,
las pupilas tan grandes y tan negras
que te hicieron odiar al amor mismo
y maldecir la vida y la belleza,
y amar el crimen y gustar la sangre
que tibia mana de la herida fresca?

Duerme ya, corazón... Se va la música
aullando de pasión por la calleja.

Y en la paz de la noche sólo late
el tiempo en el reloj que, lento, cuenta
las venturas perdidas para siempre
y los dolores que sufrir te quedan.

«¡Amor, amor, amor!» ¡Que nadie bese
lo que ni en sueños mi esperanza besa!

¡Antes que en brazos de otro amor, prefiero
entre mis brazos contemplarte muerta!

# EL RELOJ

Tardes de paz... Monotonía
de lluvia en las vidrieras...
Se extingue el humo gris del día...
¿En dónde están mis primaveras?

La lluvia es una fantasía,
de misteriosas encajeras...
Tú, que tejiste mi alegría,
¿tras qué cristal mi vuelta esperas...?

Lentas deslízanse en la alfombra
las tocas negras de la sombra;
viuda que no falta a la cita...

Igual que un pecho adormecido
el reloj tímido palpita...
¡Oh juventud! ¿Dónde te has ido...?

# JARAMAGO

¡Ni una cruz en mi fosa!... ¡En el olvido
del viejo camposanto
donde no tengo ni un amigo muerto,
bajo la tierra gris, sueñan mis labios;
y de sus sueños silenciosos brotan
amarillos y tristes jaramagos!

Si alguna vez hasta mi tumba llegas,
lleva esas pobres flores a tus labios...
¡Respirarás mi alma!... ¡Son los besos
que yo soñaba darte, y no te he dado!


# LO QUE PASA

¡Felicidad!... ¡Felicidad!... Dulzura
del labio y paz del alma... Te he buscado
sin tregua, eternamente, en la hermosura,
en el amor y el arte... ¡Y no te he hallado!

En vano, el alma, sin cesar te nombra...
¡Oh luz lejana, y por lejana, bella!...

¡Jamás la mano alcanzará la estrella!...
¿Pasaste sobre mí, como una sombra?

¿En brazos de qué amor has sido mía?...
¿No he besado tus labios todavía?...
¿Los besaré, Señor?... Sobre mi oído

murmura alguna voz, remota y triste:
—Pasó por tu jardín... y no la viste...,
¡y ya, sin conocerla, la has perdido!


## NOCTURNO DE PLATA


Cruzas por mis recuerdos como un rayo de luna
que lo ilumina todo de una blanca poesía...
El ruiseñor cantaba su amor. Colgaba una
fina escala de seda desde tu celosía.

Era la noche un río cristalino y sonoro,
que arrastraba en sus ondas, hacia la Eternidad,
nuestro amor como una carabela de oro,
palpitantes las velas bajo la tempestad.

Entre un deshojamiento de románticas rosas
de luz, juntos surcamos Venecias fabulosas,
en un olvido eterno de todo... Tu laúd

desgranaba en la noche su inmortal serenata...
¡Y al pie de la marmórea y altiva escalinata
nos esperaba el paje de nuestra Juventud!


## LA SOMBRA DE BEATRIZ

### I

El crepúsculo está lleno de aromas,
de campanas de plata y de cantares...
Zumban abejas en los azahares.
Baja un temblor de esquilas por las lomas.

El aire sabe a miel de abiertas pomas,
y al tornar a sus blancos palomares
proyectan en los verdes olivares
sus sombras fugitivas las palomas.

Yo sueño con tu amor... Una infinita
dulzura sube del florido huerto...
¿Por qué el ensueño de una margarita,

hoja tras hoja mi saudade arranca,
si en la penumbra del balcón abierto
falta esta tarde tu silueta blanca?

## II

Mi vida es el silencio de una espera...
Se escapa de mis ojos la mirada,
ansiando contemplar la sombra amada
que en otros tiempos a mi lado viera.

La mano palpa, cual si presintiera
negrear en la atmósfera callada
la seda tibia de su destrenzada,
profusa y olorosa cabellera.

Mi oído de impaciencia se estremece,
un olor a algo suyo el viento exhala...
—¿Estás ya aquí? —le digo, y me parece

que «Aquí estoy», dulcemente, me contesta
aquella voz que pasa como un ala
rozando fugitiva la floresta.


## JUNTO AL MAR

Eres como una ola
de sombra que me envuelve,
y espumeando de amargura pasa,
y entre otras negras olas va a perderse...
¿Adónde vas?...

¿De dónde vienes?
¡Sólo sé que soy tuyo, que me arrastras!...
¡Y cuando tú me dejes,
vendrá acaso otra ola,
como tú ignota y como tú inconsciente,
y sin querer me arrastrará de nuevo
sin saber dónde va ni dónde viene!...


## ESTÍO


Todo en silencio está. Bajo la parra
yace el lebrel por el calor rendido.
Torna a la flor la abeja, el ave al nido,
y a dormir nos invita la cigarra.

La madreselva que al balcón se agarra,
vierte como un suave olor a olvido;
y a lo lejos escúchase el quejido
de una pena andaluza, en la guitarra.

Del mar de espigas en las áureas olas
fingen las encendidas amapolas
corazones de llamas rodeados...

¡Y el sudor, con sus gotas crepitantes,
ciñe a tus bucles, como el sol dorados,
una regia corona de diamantes!

# TARANTELA

Nocturno azul y plata... Sobre el clave
se esfuma el oro de la tarantela;
y el alma, en nuestra voz, se aterciopela
para hacer su caricia más suave.

El aire a besos y a ternura sabe,
y en el luar que en el jardín riela,
las pupilas del ángel que nos vela
de luz enjoyan el silencio grave.

La música se va... Tan sólo queda
un perfume fugaz a carne y seda...
¿Quién tus encantos desnudó a la brisa?...

Ante tu albor ni a respirar me atrevo,
y gota a gota, hasta embriagarme, ¡bebo
todo el amor del mundo en tu sonrisa!

## VASO ESPIRITUAL

Por no sé qué refinamiento oscuro
que goza al prometer lo que nos veda,
en ti, es el cuerpo lo único que queda
perversamente inmarcesible y puro.

Pones freno al ardor y al ansia muro,
para que nunca Amor devorar pueda
la áurea pulpa que esconde, bajo seda,
todas las mieles de un pomar maduro.

Me miras en las pausas de un suspiro;
y en el ligero y transparente halago
del húmedo mirar en que te pierdes,

toda tu alma desnudarse miro,
como una ninfa ante el cristal de un lago,
en el remanso de tus ojos verdes.

# EL JARDÍN DE LINDARAJA

De la tarde de octubre bajo la luz gloriosa,
en la fuente de mármol que el arrayán orilla,
diluyen los cipreses su esmeralda herrumbrosa
y la arcada del fondo su tristeza amarilla.

Rosales y naranjos... Mustio el jardín reposa
en un verdor que el oro del otoño apolilla...
¡Sólo, a veces, se enciende la llama de una rosa,
o el oro polvoriento de una naranja brilla!

Mas, dentro de este otoño, hay tanta primavera
en gérmenes; y es todo tan dulce y apacible,
que antes de abandonarlo, mi corazón quisiera,

oyendo el melodioso suspirar de la fuente
y soñando con una Lindaraja imposible,
sobre este viejo banco dormir eternamente...

*

Yo sé que la esperanza está viva, y que dentro
del corazón su lámpara dulcemente ilumina;
¡mas ya sin entusiasmos y sin fuerzas me
                                    [encuentro
para arrancarle nuevos tesoros a la mina!...

En el jardín, a veces, de mis recuerdos entro
y encanezco de angustia mirando tanta ruina...
¡Cipreses y naranjos marchitos, y en el centro
una fuente que nunca de sollozar termina!...

Yo sé que Lindaraja con sus besos pudiera
dar a mi otoño un nuevo frescor de primavera...
Pero está tan remota, ¡y es tan largo el sendero!...

¡Y me encuentro tan pobre, tan triste y tan rendido,
que a buscarla de nuevo por la vida, prefiero
soñar eternamente que jamás ha existido!...


## SIGLO XVIII


Mientras tus manos, dolorosamente
blancas, sobre los pálidos marfiles
despiertan vieja música doliente
yo sueño con románticos abriles,

en Aranjuez, con pasos de pavana;
y revivo tu ecuestre bizarría,
con arco y con carcaj, como Diana,
sobre el tapiz de regia montería.

Ya no sé cuándo fue ni cómo ha sido,
pero yo entre tus brazos he vivido...
y hay algo tuyo que mi sueño abona...

El pañuelo de encaje perfumado
de flores mustias, ¡donde se han bordado
un heráldico lis y una corona!


## CONVALECENCIA


¡Qué suavidad, qué suavidad de raso,
qué acariciar de plumas en el viento;
en terciopelos se apagó mi paso
y en remansos de seda el pensamiento!

Todo impreciso es como en un cuento,
se desborda en silencio como un vaso,
y en esta tibia languidez de ocaso
desfallecer hasta morir me siento.

Como un panal disuélvome en dulzura,
desfallezco de todo: de ternura,
de claridad, del éxtasis de verte...

Y todo tan lejano, tan lejano...
En este atardecer tu frágil mano
pudiera con un lirio darme muerte...

## PUREZA DE JAZMINES

¡Jazminero, tan frágil y tan leve
que bastara con un soplo de aliento
para que disipases en el viento
tu intacta castidad de plata y nieve!...

Tu pureza me evoca aquella breve
mano de espumas y de encantamiento,
que ni siquiera con el pensamiento
mi corazón a acariciar se atreve.

Con su blancura a tu blancura iguala;
con tus piedades sus piedades glosas...
Como tú, tiene el corazón florido;

y, también como tú, también exhala
sobre el eterno ensueño de las cosas
un perfume de amor, luna y olvido.

# JUAN RAMÓN JIMÉNEZ[*]
## (1881 - 1958)

---

* Se respeta, como es habitual, la peculiar ortografía de los textos juanramonianos.

## JUAN RAMÓN JIMÉNEZ

Este andaluz de Moguer, premio Nobel de Literatura en 1956, escribió hasta 1915 una exquisita, aérea y profunda poesía antes de abordar la revolución expresiva con la que sumió a la lírica española en los ámbitos de la modernidad plena, empresa que consumó durante su largo destierro en América, donde murió fiel a la causa republicana. En 1922 editó su *Segunda antolojía poética* —que ha sido muy reeditada—, en la que recogió, depurada, su obra de hasta ese momento.

# ALBA

Se paraba
la rueda
de la noche...
            Vagos ánjeles malvas
apagaban las verdes estrellas.

Una cinta tranquila
de suaves violetas
abrazaba amorosa
a la pálida tierra.

Suspiraban las flores al salir de su ensueño,
embriagando el rocío de esencias.

Y en la fresca orilla de helechos rosados,
como dos almas perlas,
descansaban dormidas
nuestras dos inocencias
—¡oh qué abrazo tan blanco y tan puro!—,
de retorno a las tierras eternas.

## PAISAJE DEL CORAZÓN

¿A qué quieres que te hable?
Deja, deja...
Mira el cielo ceniciento, mira el campo
inundado de tristeza.

¡Sí, te quiero mucho, mucho!
...¡Ay, aleja
tu mejilla de mis labios que se cansan!...
Calla, calla; mi alma sueña.

¡No, no llores; que tu llanto
me da pena!
¡No me mires angustiada, no suspires;
tus suspiros me impacientan!

—Mira el vaho que se alza
de la tierra.
¡Pobre tierra, cuánto frío! ¿No parece
una hermosa virjen yerta?

Y allá arriba, ya fulguran
las estrellas,
las estrellas soñolientas, como luces
que acompañan a la muerta...—

¡Cuánta bruma; cuánta sombra!
Cierra, cierra
los cristales. ¡Siento un yelo por el alma!
... ¿Por qué, pálida, me besas?

¿Qué? ¿Qué quieres? ¿Que te bese?
... Deja, deja...
Mira el cielo ceniciento, mira el campo
inundado de tristeza.


## BLANCO Y VIOLETA

Entre lirios blancos
y cárdenos lirios,
distraía mi alma
su dolor sombrío,
como un lirio blanco
o un morado lirio.

La tarde moría
en idealismos
violetas y blancos
lo mismo que lirios.

# ADOLESCENCIA

En el balcón, un instante
nos quedamos los dos solos.
Desde la dulce mañana
de aquel día, éramos novios.

—El paisaje soñoliento
dormía sus vagos tonos,
bajo el cielo gris y rosa
del crepúsculo de otoño—.

Le dije que iba a besarla;
bajó, serena, los ojos
y me ofreció sus mejillas,
como quien pierde un tesoro.

—Caían las hojas muertas,
en el jardín silencioso,
y en el aire erraba aún
un perfume de heliotropos—.

No se atrevía a mirarme;
le dije que éramos novios,
... y las lágrimas rodaron
de sus ojos melancólicos.

# YO NO VOLVERÉ. Y LA NOCHE...

Yo no volveré. Y la noche
tibia, serena y callada,
dormirá el mundo, a los rayos
de su luna solitaria.

Mi cuerpo no estará allí,
y por la abierta ventana,
entrará una brisa fresca,
preguntando por mi alma.

No sé si habrá quien me aguarde
de mi doble ausencia larga,
o quien bese mi recuerdo,
entre caricias y lágrimas.

Pero habrá estrellas y flores
y suspiros y esperanzas,
y amor en las avenidas,
a la sombra de las ramas.

Y sonará ese piano
como en esta noche plácida,
y no tendrá quien lo escuche,
pensativo, en mi ventana.

# ¿SOY YO QUIEN ANDA, ESTA NOCHE...?

¿Soy yo quien anda, esta noche,
por mi cuarto, o el mendigo
que rondaba mi jardín,
al caer la tarde?...
                    Miro
en torno y hallo que todo
es lo mismo y no es lo mismo...
¿La ventana estaba abierta?
¿Yo no me había dormido?
¿El jardín no estaba verde
de luna?... El cielo era limpio
y azul... Y hay nubes y viento
y el jardín está sombrío...
Creo que mi barba era
negra... Yo estaba vestido
de gris... Y mi barba es blanca
y estoy enlutado... ¿Es mío
este andar? ¿Tiene esta voz
que ahora suena en mí los ritmos
de la voz que yo tenía?
¿Soy yo, o soy el mendigo
que rondaba mi jardín
al caer la tarde?...
                    Miro
en torno... Hay nubes y viento...
El jardín está sombrío...

...Y voy y vengo... ¿Es que yo
no me había ya dormido?
Mi barba está blanca... Y todo
es lo mismo y no es lo mismo...


## VIENTO NEGRO, LUNA BLANCA...

> *... Par délicatesse*
> *J'ai perdu ma vie.*
> A. RIMBAUD


Viento negro, luna blanca.
Noche de Todos los Santos.
Frío. Las campanas todas
de la tierra están doblando.

El cielo, duro. Y su fondo
da un azul iluminado
de abajo, al romanticismo
de los secos campanarios.

Faroles, flores, coronas
—¡campanas que están doblando!—
... Viento largo, luna grande,
noche de Todos los Santos.

... Yo voy muerto por la luz
agria de las calles; llamo

con todo el cuerpo a la vida;
quiero que me quieran; hablo
a todos los que me han hecho
mudo, y hablo sollozando,
roja de amor esta sangre
desdeñosa de mis labios.

¡Y quiero ser otro, y quiero
tener corazón, y brazos
infinitos, y sonrisas
inmensas, para los llantos
aquellos que dieron lágrimas
por mi culpa!
        ... Pero ¿acaso
puede hablar de sus rosales
un corazón sepulcrado?

—¡Corazón, estás bien muerto!
¡Mañana es tu aniversario!—

Sentimentalismo, frío.
La ciudad está doblando.
Luna blanca, viento negro.
Noche de Todos los Santos.

# TRISTEZA DULCE DEL CAMPO...

Tristeza dulce del campo.
La tarde viene cayendo.
De las praderas segadas
llega un suave olor a heno.

Los pinares se han dormido.
Sobre la colina, el cielo
es tiernamente violeta.
Canta un ruiseñor despierto.

Vengo detrás de una copla
que había por el sendero,
copla de llanto, aromada
con el olor de este tiempo;
copla que iba llorando
no sé qué cariño muerto,
de otras tardes de setiembre
que olieron también a heno.

# YA ESTÁN AHÍ LAS CARRETAS...

Ya están ahí las carretas...
—Lo han dicho el pinar y el viento,
lo ha dicho la luna de oro,
lo han dicho el humo y el eco...—
Son las carretas que pasan
estas tardes, al sol puesto,
las carretas que se llevan
del monte los troncos muertos.

¡Cómo lloran las carretas
camino de Pueblo Nuevo!

Los bueyes vienen soñando,
a la luz de los luceros,
en el establo caliente
que sabe a madre y a heno.
Y detrás de las carretas
caminan los carreteros,
con la aijada sobre el hombro
y los ojos en el cielo.

¡Cómo lloran las carretas
camino de Pueblo Nuevo!

En la paz del campo van
dejando los troncos muertos
un olor fresco y honrado
a corazón descubierto.
Y cae el ángelus desde
la torre del pueblo viejo,
sobre los campos talados,
que huelen a cementerio.

¡Cómo lloran las carretas
camino de Pueblo Nuevo!


## DORABA LA LUNA EL RÍO...

*...Anda el agua de alborada...*
ROMANCE POPULAR

Doraba la luna el río
—¡fresco de la madrugada!—
Por el mar venían olas
teñidas de luz de alba.

El campo débil y triste
se iba alumbrando. Quedaba
el canto roto de un grillo,
la queja oscura de un agua.

Huía el viento a su gruta,
el horror a su cabaña;

en el verde de los pinos
se iban abriendo las alas.

Las estrellas se morían,
se rosaba la montaña;
allá en el pozo del huerto,
la golondrina cantaba.


## ¡GRANADOS EN CIELO AZUL!...


¡Granados en cielo azul!
¡Calle de los marineros;
qué verdes están tus árboles,
qué alegre tienes el cielo!

¡Viento ilusorio de mar!
¡Calle de los marineros
—ojo gris, mechón de oro,
rostro florido y moreno!—

La mujer canta a la puerta:
«¡Vida de los marineros;
el hombre siempre en el mar,
y el corazón en el viento!».

—¡Virjen del Carmen, que estén
siempre en tus manos los remos;
que, bajo tus ojos, sean
dulce el mar y azul el cielo!—

... Por la tarde, brilla el aire;
el ocaso está de ensueños;
es un oro de nostaljia,
de llanto y de pensamiento.

—Como si el viento trajera
el sinfín y, en su revuelto
afán, la pena mirara
y oyera a los que están lejos.—

¡Viento ilusorio de mar!
¡Calle de los marineros
—la blusa azul, y la cinta
milagrera sobre el pecho!—

¡Granados en cielo azul!
¡Calle de los marineros!
¡El hombre siempre en el mar,
y el corazón en el viento!

## EL SOL DORARÁ LAS HOJAS...
(EL POETA HA MUERTO EN EL CAMPO)

El sol dorará las hojas,
dará diamantes al río,
hará un canto de oro y risa,
con el viento, por los pinos.

Llenos los labios de rosas,
saldrán al jardín los niños,
roto el oro de sus sueños
de vírjenes y de lirios.

Quien lleve la nueva triste
por el polvo del camino
verá mariposas blancas
y cristales de rocío:
—María... —Con Dios... —¡Buen día!...
Tú, pueblo alegre y florido,
te irás llenando de sol,
de humo blanco, de humo azul,
de campanas y de idilio.

Irá todo al mediodía,
en paz y amor... Por los pinos
cantará un pájaro... Y todo
será mudo y amarillo.


## ¡CÁLLATE, POR DIOS, QUE TÚ...!

¡Cállate, por Dios, que tú
no vas a saber decírmelo!
¡Deja que abran todos mis
sueños y todos mis lirios!

Mi corazón oye bien
la letra de tu cariño...
El agua lo va temblando,
entre las flores del río;
lo va soñando la niebla,
lo están cantando los pinos
—y la luna rosa— y el
corazón de tu molino...

¡No apagues, por Dios, la llama
que arde dentro de mí mismo!
¡Cállate, por Dios, que tú
no vas a saber decírmelo!


NIÑO

*...come pallido giacinto.*
G. CARDUCCI

Más leve, más esbelto, más sedoso,
¿qué lirio? En el piano, lírico
como un adiós distante, se esfumaba
en yo no sé qué vago laberinto.

Le andaba el alma, como una hoja seca,
entre maravillosos torbellinos
—¡anhelo, sed, desilusión, fatiga!—,
hacia un ocaso de oros infinitos.

—¡La mano malva y blanca,
sobre el teclado blanco y negro! Negros,
blancos, malvas, a veces amarillos
= bando de golondrinas que el sol último,
a veces coje=, iban los sollozos,
los sueños, los suspiros...—

Y cuando agonizaba su sonata,
se doblaba, como un mustio jacinto.


## MAÑANA DE LA CRUZ


Dios está azul. La flauta y el tambor
anuncian ya la cruz de primavera.
¡Vivan las rosas, las rosas del amor,
entre el verdor con sol de la pradera!

*Vámonos al campo por romero;*
*vámonos, vámonos*
*por romero y por amor...*

Le pregunté: «¿Me dejas que te quiera?».
Me respondió, radiante de pasión:
«Cuando florezca la cruz de primavera,
yo te querré con todo el corazón».

*Vámonos al campo por romero;*
*vámonos, vámonos*
*por romero y por amor...*

«Ya floreció la cruz de primavera.
¡Amor, la cruz, amor, ya floreció!»
Me respondió: «¿Tú quieres que te quiera?».
¡Y la mañana de luz me traspasó!

*Vámonos al campo por romero;*
*vámonos, vámonos*
*por romero y por amor...*

Alegran flauta y tambor nuestra bandera.
La mariposa está aquí con la ilusión...
¡Mi novia es la virjen de la era
y va a quererme con todo el corazón!


## LA AMAPOLA


¡Amapola, sangre de la tierra;
amapola, herida del sol;
boca de la primavera azul;

amapola de mi corazón!

¡Cómo ríes por la viña verde,
por el trigo, por la jara, por
la pradera del arroyo de oro;

amapola de mi corazón!

¡Novia alegre de los labios granas;
mariposa de carmín en flor;
amapola, gala de la vida;

amapola de mi corazón!


EL POETA A CABALLO


¡Qué tranquilidad violeta,
por el sendero, a la tarde!
A caballo va el poeta...
¡Qué tranquilidad violeta!

La dulce brisa del río,
olorosa a junco y agua,
le refresca el señorío...
La brisa leve del río...

A caballo va el poeta...
¡Qué tranquilidad violeta!

Y el corazón se le pierde,
doliente y embalsamado,

en la madreselva verde...
Y el corazón se le pierde...

A caballo va el poeta...
¡Qué tranquilidad violeta!

Se está la orilla dorando...
El último pensamiento
del sol la deja soñando...
Se está la orilla dorando...

¡Qué tranquilidad violeta,
por el sendero, a la tarde!
A caballo va el poeta...
¡Qué tranquilidad violeta!

## VERDE VERDEROL

Verde verderol,
¡endulza la puesta del sol!

Palacio de encanto,
el pinar tardío
arrulla con llanto
la huida del río.
Allí el nido umbrío
tiene el verderol.

Verde verderol,
¡endulza la puesta del sol!

La última brisa
es suspiradora;
el sol rojo irisa
al pino que llora.
¡Vaga y lenta hora
nuestra, verderol!

Verde verderol,
¡endulza la puesta del sol!

Soledad y calma;
silencio y grandeza.
La choza del alma
se recoje y reza.
De pronto, ¡oh belleza!,
canta el verderol.

Verde verderol,
¡endulza la puesta del sol!

Su canto enajena.
—¿Se ha parado el viento?—
El campo se llena
de su sentimiento.
Malva es el lamento,
verde el verderol.

Verde verderol,
¡endulza la puesta del sol!

## ¡INFANCIA! ¡CAMPO VERDE, CAMPANARIO, PALMERA...!

¡Infancia! ¡Campo verde, campanario, palmera,
mirador de colores; sol, vaga mariposa
que colgabas a la tarde de primavera,
en el cenit azul, una caricia rosa!

¡Jardín cerrado, en donde un pájaro cantaba,
por el verdor teñido de melodiosos oros;
brisa suave y fresca en la que me llegaba
la música lejana de la plaza de toros!

... Antes de la amargura sin nombre del fracaso
que engalanó de luto mi corazón doliente,
ruiseñor niño, amé, en la tarde de raso,
el silencio de todos o la voz de la fuente.

# ¡OH, TRISTE COCHE VIEJO, QUE EN MI MEMORIA RUEDAS!...

¡Oh, triste coche viejo, que en mi memoria ruedas!
¡Pueblo, que en un recodo de mi alma te pierdes!
¡Lágrima grande y pura, lucero que te quedas,
temblando, en la colina, sobre los campos verdes!

Verde el cielo profundo, despertaba el camino,
fresco y fragante del encanto de la hora;
cantaba un ruiseñor despierto, y el molino
rumiaba un son eterno, rosa frente a la aurora.

—Y en el alma, un recuerdo, una lágrima, una
mano alzando un visillo blanco al pasar un coche...,
la calle de la víspera, azul bajo la luna
solitaria, los besos de la última noche...

¡Oh, triste coche viejo, que en mi memoria ruedas!
¡Pueblo, que en un recodo de mi alma te pierdes!
¡Lágrima grande y pura, lucero que te quedas,
temblando, en la colina, sobre los campos verdes!

# UN PÁJARO, EN LA LÍRICA CALMA DEL MEDIODÍA...
## (DOMINGO DE PRIMAVERA)

Un pájaro, en la lírica calma del mediodía,
canta bajo los mármoles del palacio sonoro;
sueña el sol vivos fuegos en la cristalería,
en la fuente abre el agua su cantinela de oro.

Es una fiesta clara con eco cristalino:
en el mármol, el pájaro; las rosas, en la fuente;
¡garganta fresca y dura; azul, dulce, arjentino
temblar, sobre la flor satinada y reciente!

En un ensueño real, voy, colmado de gracia,
soñando, sonriendo, por las radiantes losas,
henchida el alma de la pura aristocracia
de la fuente, del pájaro, de la luz, de las rosas...

## DESNUDOS
### (Adioses. Ausencia. Regreso)

Nacía, gris, la luna, y Beethoven lloraba,
bajo la mano blanca, en el piano de ella...
En la estancia sin luz, ella, mientras tocaba,
morena de la luna, era tres veces bella.

Teníamos los dos desangradas las flores
del corazón, y acaso llorábamos sin vernos...
Cada nota encendía una herida de amores...
—...El dulce piano intentaba comprendernos.—

Por el balcón abierto a brumas estrelladas,
venía un viento triste de mundos invisibles...
Ella me preguntaba de cosas ignoradas
y yo le respondía de cosas imposibles...

# PRIMAVERA AMARILLA

Abril venía, lleno
todo de flores amarillas:
amarillo el arroyo,
amarillo el vallado, la colina,
el cementerio de los niños,
el huerto aquel donde el amor vivía.

El sol unjía de amarillo el mundo,
con sus luces caídas;
¡ay, por los lirios áureos,
el agua de oro, tibia;
las amarillas mariposas
sobre las rosas amarillas!

Guirnaldas amarillas escalaban
los árboles; el día
era una gracia perfumada de oro,
en un dorado despertar de vida.
Entre los huesos de los muertos,
abría Dios sus manos amarillas.

# CON LILAS LLENAS DE AGUA...

*...Rit de la fraicheur de l'eau.*
V. HUGO

Con lilas llenas de agua,
le golpeé las espaldas.

Y toda su carne blanca
se enjoyó de gotas claras.

¡Ay, fuga mojada y cándida,
sobre la arena perlada!

—La carne moría, pálida,
entre los rosales granas;
como manzana de plata,
amanecida de escarcha.—

Corría, huyendo del agua,
entre los rosales granas.

# LO QUE VOS QUERÁIS, SEÑOR...

Lo que Vos queráis, Señor;
sea lo que Vos queráis.

Si queréis que, entre las rosas,
ría hacia los matinales
resplandores de la vida,
sea lo que Vos queráis.

Si queréis que, entre los cardos,
sangre hacia las insondables
sombras de la noche eterna,
sea lo que Vos queráis.

Gracias si queréis que mire,
gracias si queréis cegarme;
gracias por todo y por nada;
sea lo que Vos queráis.

Lo que Vos queráis, Señor;
sea lo que Vos queráis.

## EL VIAJE DEFINITIVO

...Y yo me iré. Y se quedarán los pájaros
cantando;
y se quedará mi huerto, con su verde árbol,
y con su pozo blanco.

Todas las tardes, el cielo será azul y plácido;
y tocarán, como esta tarde están tocando,
las campanas del campanario.

Se morirán aquellos que me amaron;
y el pueblo se hará nuevo cada año;
y en el rincón aquel de mi huerto florido y encalado,
mi espíritu errará, nostáljico...

Y yo me iré; y estaré solo, sin hogar, sin árbol
verde, sin pozo blanco,
sin cielo azul y plácido...
Y se quedarán los pájaros cantando.

## EL TREN ARRANCA, LENTAMENTE.
## EL PUEBLO VIEJO...

El tren arranca, lentamente. El pueblo viejo
tiene en sus grandes casas, sucias y silenciosas,
una opaca, doliente y suave claridad,
perdido entre las gasas azules de la aurora.

Se ven calles sin nadie, con las puertas cerradas,
un reló da una hora desierta y melancólica,
y, en una pared última, cerca del llano verde,
vacila, polvorienta, una triste farola.

Llovizna. Algunas gotas mueren en el cristal.
Los molinos de viento son vagamentes rosas.
Huye más el paisaje... Y la ciudad se pierde
allá en el campo inmenso, que un sol difícil dora.

... Desde el lecho, abrazados, sin nostaljia y sin frío,
fundiendo en una sola las ascuas de sus bocas,
dos amantes habrán oído, como en sueños,
este tren lento, largo de cansancio y de sombra.

# EL NIÑO POBRE

Le han puesto al niño un vestido
absurdo, loco, ridículo;
le está largo y corto; gritos
de colores le han prendido
por todas partes. Y el niño
se mira, se toca, erguido.
Todo le hace reír al mico,
las manos en los bolsillos...
La hermana le dice —pico
de gorrión, tizos lindos
los ojos, manos y rizos
en el roto espejo—: «¡Hijo,
pareces un niño rico...!».

Vibra el sol. Ronca, dormido,
el pueblo en paz. Sólo el niño
viene y va con su vestido,
viene y va con su vestido...
En la feria, están caídos
los gallardetes. Pititos
en zaguanes... Cuando el niño
entra en casa, en un suspiro
le chilla la madre: «¡Hijo!»
—y él la mira calladito,
meciendo, hambriento y sumiso,

los pies en la silla—, «hijo,
pareces un niño rico!...»

Campanas. Las cinco. Lírico
sol. Colgaduras y cirios.
Viento fragante del río.
La procesión. ¿Oh, qué idílico
rumor de platas y vidrios!
¡Relicarios con el brillo
del ocaso en su seno místico!
... El niño, entre el vocerío,
se toca, se mira... «¡Hijo,
le dice el padre bebido
—una lágrima en el limo
del ojuelo, flor de vicio—,
pareces un niño rico!...»

La tarde cae. Malvas de oro
endulzan la torre. Pitos
despiertos. Los farolillos,
aún los cohetes con sol vivo,
se mecen medio encendidos.
Por la plaza, de las manos,
bien lavados, trajes limpios,
con dinero y con juguetes,
vienen ya los niños ricos.
El niño se les arrima,
y, radiante y decidido,
les dice en la cara: «¡Ea,
yo parezco un niño rico!».

# LA CARBONERILLA QUEMADA

En la siesta de julio, ascua violenta y ciega,
prendió el horno las ropas de la niña. La arena
quemaba cual con fiebre; dolían las cigarras;
el cielo era igual que de plata calcinada.

... Con la tarde, volvió —¡anda, potro!— la madre.
El pinar se reía. El cielo era de esmalte
violeta. La brisa renovaba la vida...

La niña, rosa y negra, moría en carne viva.
Todo le lastimaba. El roce de los besos,
el roce de los ojos, el aire alegre y bello:
—«Mare, me jeché arena zobre la quemaura.
Te yamé, te yamé dejde er camino... ¡Nunca
ejtubo ejto tan zolo! Laj yama me comían,
mare, y yo te yamaba, y tú nunca benía!»

Por el camino —¡largo!— sobre el potrillo rojo,
murió la niña. Abiertos, espantados, sus ojos
eran como raíces secas de las estrellas.
La brisa jugueteaba, ensombrecida y fresca.
Corría el agua por el lado del camino.
Ondulaba la yerba. Trotaban los pollinos,
oyendo ya los gritos de los niños del pueblo...

Dios estaba bañándose en su azul de luceros.

# ¡DULCES LUCES AZULES DE TÚNELES
# Y PUERTOS...!
## (TREN Y BUQUE)


—¡Dulces luces azules de túneles y puertos,
que alumbráis solamente una flor, una onda;
que unís, calladamente, entre la madrugada,
la frente y el cristal con estrellas remotas!—

¡Vueltas de los caminos, cuando desde el vagón
se ve un anfiteatro de coches de caoba,
con niños de ojos tristes, que nos miran de pronto,
la frente abierta por el viento de la aurora!

¡Buque oscuro que avanza, entre buques dormidos,
lento, y pára, suave, el sueño de sus cosas;
que en la alta noche, plena ya de otro silencio,
ve casas espectrales, amarillas farolas!

## ¿TE ACUERDAS? FUE EN EL CUARTO DE LOS NIÑOS. LA TARDE...
### (JEANNE)

¿Te acuerdas? Fue en el cuarto de los niños. La tarde
de estío alzaba, limpia, por entre la arboleda
suavemente mecida, últimas glorias puras,
tristes en el cristal de la ventana abierta.

El maniquí de mimbre y las telas cortadas,
eran los confidentes de mil cosas secretas,
una majia ideal de deshojadas rosas
que el amor renovaba con audacia perversa...

¡Oh, qué encanto de ojos, de besos, de rubores;
qué desarreglo rápido, qué confianza ciega,
mientras, en la suave soledad, desde el suelo,
miraban, asustadas, nuestro amor las muñecas!

# POETA

Cuando cojo este libro,
súbitamente se me pone limpio
el corazón, lo mismo
que un pomo cristalino.

—Me da luz en mi espíritu,
luz pasada por mirtos vespertinos,
sin ver yo sol alguno...—

¡Qué rico me lo siento! Como un niño
que no ha gastado nada de su vivo
tesoro, y aún lo espera todo de sus lirios
—la muerte es siempre para los vecinos—,
todo lo que es sol: gloria,
aurora, amor, domingo.

# EL NOSTÁLJICO

¿Mar desde el huerto;
huerto desde el mar?

¿Ir con el que pasa cantando;
oírlo, desde lejos, cantar?

# CANCIÓN DE INVIERNO

Cantan. Cantan.
¿Dónde cantan los pájaros que cantan?

Ha llovido. Aún las ramas
están sin hojas nuevas. Cantan. Cantan
los pájaros. ¿En dónde cantan
los pájaros que cantan?

No tengo pájaros en jaulas.
No hay niños que los vendan. Cantan.
El valle está muy lejos. Nada...

Yo no sé dónde cantan
los pájaros —cantan, cantan—,
los pájaros que cantan.


## TÚ ACOMPAÑAS MI LLANTO,
## MARZO TRISTE...
### (OBERÓN A MARZO)

Tú acompañas mi llanto, marzo triste,
con tu agua.
—Jardín, ¡cómo tus rosas nuevas
se pudren ya en el fondo de mi alma!—

Indiferencia y frío.
Las imájenes castas
que coloré, en el fondo
de mi ilusión romántica,
mezclan su color, pálidas pinturas,
en la lágrima cálida y callada.

¡Oh, todo lo que iba
a ser mío!
                Pasó todo.
                        ¡Qué falsa
verdad la de un instante, vida!
                                Me parece
que fuiste, amor, estatua
de nieve, que la primavera,
como a su cielo gris, deshace en lágrimas.

# RETORNO FUGAZ

¿Cómo era, Dios mío, cómo era?
—¡Oh corazón falaz, mente indecisa!—
¿Era como el pasaje de la brisa?
¿Como la huida de la primavera?

Tan leve, tan voluble, tan lijera
cual estival vilano... ¡Sí! Imprecisa
como sonrisa que se pierde en risa...
¡Vana en el aire, igual que una bandera!

¡Bandera, sonreír, vilano, alada
primavera de junio, brisa pura...
¡Qué loco fue tu carnaval, qué triste!

Todo tu cambiar trocóse en nada
—¡memoria, ciega abeja de amargura!—
¡No sé cómo eras, yo que sé que fuiste!

# OCTUBRE

Estaba echado yo en la tierra, enfrente
del infinito campo de Castilla,
que el otoño envolvía en la amarilla
dulzura de su claro sol poniente.

Lento, el arado, paralelamente
abría el haza oscura, y la sencilla
mano abierta dejaba la semilla
en su entraña partida honradamente.

Pensé arrancarme el corazón, y echarlo,
pleno de su sentir alto y profundo,
al ancho surco del terruño tierno;

a ver si con romperlo y con sembrarlo,
la primavera le mostraba al mundo
el árbol puro del amor eterno.

# TOMÁS MORALES
## (1884 - 1921)

TOMÁS MORALES

Pese a su breve vida, el canario Tomás Morales dejó una obra notable. Es el poeta del mar en la lírica española de este siglo. Su poesía es fiel al proyecto modernista que se trazó en 1908 con los *Poemas de la Gloria, del Amor y del Mar*, primera versión de *Las Rosas de Hércules,* que conoció otras dos ediciones aumentadas. Carlos Barral editó en 1977 el verso de este admirable émulo de Darío y D'Annunzio, y Andrés Sánchez Robayna lo reeditó, con algunas otras novedades, en 1984.

# VACACIONES SENTIMENTALES

*De toda la memoria sólo vale*
*el don preclaro de evocar los sueños.*

ANTONIO MACHADO

## I

Cortijo de Pedrales, en lo alto de la sierra,
Con sus paredes blancas y sus rojos tejados;
con el sol del otoño y el buen olor a tierra
húmeda, en el silencio de los campos regados.

Bajo la dirección tenaz de los mayores
se fomentó la hacienda y se plantó la viña;
y más tarde sus hijos, que fueron labradores,
regaron con su egregio sudor esta campiña.

Todo está como ellos lo dejaron: la entrada
con su parral umbroso y el portalón de encina;
aún la vieja escopeta de chispa, abandonada,
herrumbroso trofeo, decora la cocina.

Allí los imagino, con ademán sereno,
bajo las negras vigas del recio artesonado,
al presidir la mesa, partiendo el pan moreno,
sus diestras, que supieron conducir el arado;

o en la quietud benigna del campo bien oliente,
mientras el agua clara corre por los bancales,
de codos sobre el mango de la azada luciente
e inclinadas a tierra las testas ancestrales...

¡Oh, el perfume de aquellas existencias hurañas,
que ignoraron, en medio de estos profusos montes,
si tras estas montañas habría otras montañas
y nuevos horizontes tras estos horizontes!

La casa blanca al borde de las espigas rubias,
la conciencia serena y el hambre satisfecha,
los ojos en las nubes que han de traer las lluvias
y el alma en la esperanza de la buena cosecha...

Y así fueron felices... De toda su memoria
sólo quedó esta página inocente y tranquila:
¡Vivieron largamente, sin ambición ni gloria,
su vida fue una égloga dulce como una esquila!

## II

Laxitud soñolienta de la noche aldeana,
en la paz encantada del viejo caserío,
cuando, para el ensueño, buscamos la ventana
de nuestro cuarto, abierta sobre el campo en estío.

La luna, que esta noche brilla más transparente,
parece enamorada del silencio rural;
la quietud de los álamos en el tranquilo ambiente
y el agua de la acequia dentro el cañaveral...

La música del agua, plañendo cristalina,
estos días de junio, fluye más melancólica;
oculto entre unas piedras, en su flauta prístina,
un grillo silba una serenata bucólica.

Y con el viento, vienen los más tenues aromas
que labora el milagro de los dulces rosales;
el viento que nos cuenta de las fragantes pomas
y que ha dormido en medio de los verdes maizales...

Y algo que es como un sueño, que con el aire viene
a buscar nuestras almas, que acaso es comprensivo
sólo para nosotros, esta noche que tiene
la quietud oportuna que hace el recuerdo vivo...

Mas en tanto evocamos los ayeres soñados,
con tal ansia aguardamos un mañana más puro
que daríamos todos los ensueños pasados
por la clarividencia del ensueño futuro...

Para olvidarla luego, pero que nuestro olvido
sea una voz que diga muy quedo: —No te pierdas
en la memoria, espera; sé un recuerdo querido,
al que se le pregunta con lágrimas... ¿Te acuerdas?

# III

Y he recordado... El breve rincón de un pueblecillo;
una casa tranquila inundada de sol;
unas tapias musgosas de encarnado ladrillo
y un jardín que tenía limoneros en flor.

Una pequeña rubia como un fruto dorado,
cuyas pupilas eran de una apacible luz,
y un audaz rapazuelo de correr alocado
vestido con un traje de marinera azul.

Primavera era el hada de sus juegos pueriles...
En la huerta sonaban los gritos infantiles
que callaban, de pronto, bajo la tarde en paz;

cuando una voz llegaba, serena y protectora,
desde el balcón, donde una enlutada señora
llamaba dulcemente: Guillermina... Tomás...

# IV

Entonces era un niño con los bucles rizados:
a la tarde, solía jugar por el jardín;
feliz con mi trompeta, mi caja de soldados,
sin más novelerías que los cuentos de Grim.

Había algunas niñas, amigas de mi hermana:
Leopoldina era rubia con oros de trigal;

Carmencita, morena como una sevillana;
¡Lucila era tan pálida!... Y la traviesa Juana
reía en el crepúsculo su risa de cristal...

Ésta era la alegría: en cuanto era llegada
se poblaba de trinos el amplio caserón,
con su vestido blanco, su carita rosada
y aquellos labios, rojos como una tentación...

De todas las muchachas era la preferida:
ella fue mi primera visión sentimental...
Al recordar ahora su silueta querida,
siento que mi alma tiene dulzuras de panal...

Yo estaba enamorado de mi amiguita... Un día
en que el sol de su risa brilló más retozón,
eché a correr tras ella por ver si la cogía;
y la cogí... Y, entonces, como ella se reía,
yo besé aquella risa, que era mi tentación...


V


Por fin se terminaron aquellas vacaciones.
Otra vez el colegio con su péndulo lento;
los empolvados mapas de los largos salones
y los eternos días llenos de aburrimiento...

A últimos de Septiembre, una mañana fría,
nos recogió el vetusto coche de la pensión.
¡El primero de Octubre! ¡Poco piadoso día,
que era tan detestado por nuestro corazón!...

Entre besos y lágrimas nos hemos despedido...
Una tenue llovizna que empaña los cristales,
desciende finamente sobre el campo aterido
empapando las hojas de los cañaverales...

Vamos cruzando el pueblo que duerme sosegado:
algunas puertas se abren; algunos labradores
que van al campo, pasan fumando a nuestro lado,
y al saltar de las ruedas sobre el tosco empedrado,
despiertan los primeros gallos madrugadores.

Llegamos a la plaza. De la fragua al abrigo,
miramos, inundados de un profundo pesar,
al hijo del herrero, nuestro excelente amigo,
que en el umbral asoma para vernos marchar.

Y al llegar al colegio, vemos sin alegría
nuestro uniforme y nuestra gorra galoneada,
que el alma, entonces niña, con gusto trocaría
por el trajín sonoro de la vieja herrería
y la carilla sucia de nuestro camarada...


VII


Y como se ha quedado la ventana entornada,
la estancia se ha llenado de claridad lunar;
y nosotros pensamos: es nuestra bien amada
la luna, que esta noche nos viene a consolar...

## VIII

Y con la luna ha vuelto la visión de mi hermana
en el plácido ambiente de los primeros años;
aquel verano vino de la pensión, ufana;
ya era una mujercita con sus catorce años.

Vino también tía Rosa, ya un poquito arrugada,
cuyas viejas historias gustábamos oír;
sobre todo las que eran de aquella temporada
tan célebre: dos meses pasados en Madrid...

Cuando viera a la reina una tarde de Enero
en la carroza regia por la Puerta del Sol;
y pintorescos cuentos de aquel rey jaranero
caballero perfecto, simpático español.

Cual buena provinciana, no se le quedó nada
por ver, y recordaba con deleite especial
cuando a primera hora, de maja disfrazada,
fue con unas amigas al baile del Real.

Las máscaras estaban, a su decir, divinas,
con el rostro cubierto por el negro antifaz;
los palcos encantaban llenos de serpentinas...
¡Las mujeres tan lindas y los hombres de frac!

Mas todos los requiebros se dijeron por ella
—de algunos recordaba la picaresca sal—
quizás por ser más tímida, no por ser la más bella,
¡las había tan bellas en ese carnaval!

Y nosotros quisimos ver el disfraz preciado
que por aquel buen tiempo fue toda su ilusión
y que ahora dormía sus glorias, olvidado
en el apolillado misterio de un arcón...

Del que ella fue sacando con cuidadoso anhelo
entre cintas marchitas y deslucidos trajes:
la cumplida basquiña de negro terciopelo,
y la mantilla blanca tembladora de encajes...

Un escarpín de raso con un bordado alterna
y unas medias rosadas, tras una falda grana,
dignas de haber ceñido la torneada pierna
de la gentil Rosario Fernández, La Tirana...

Mi hermana ha recogido todos estos primores,
ha salido y ha vuelto poco rato después;
y ya era una Manola de los tiempos mejores,
hija de Maravillas, del Rastro o Lavapiés...

Y adoptando un gracioso talante pinturero,
nos miraba con una sonrisa picaruela:
yo entusiasmado entonces le arrojé mi sombrero
diciéndole un piropo de una vieja zarzuela.

Y benévolamente tía Rosa sonreía,
acaso recordando el donaire jovial
con que el Rey don Alfonso la llamó: ¡Reina mía!
aquel inolvidable Martes de Carnaval...

# IX

Cuando a mi alma interrogo sobre el ensueño ido
y viene a mí el encanto de aquella buena hora:
entre caras brumosas empañadas de olvido
hay una, que recuerdo cual si la viese ahora.

Fue un nuestro buen amigo; sus miradas errantes
daban a sus pupilas una visión inquieta,
y por sus aficiones todos los estudiantes
llamábanle, con tono desdeñoso, el poeta.

Mientras los camaradas juegan indiferentes,
él solía leerme sus versos inocentes
con voz emocionada y en tono muy formal.

No sé lo que habrá sido de ese buen compañero:
yo que entonces hubiera querido ser torero
sentía por él una compasión fraternal...

# LOS PUERTOS, LOS MARES Y LOS HOMBRES
## DE MAR

El mar es como un viejo camarada de infancia
a quien estoy unido con un salvaje amor;
yo respiré, de niño, su salobre fragancia
y aún llevo en mis oídos su bárbaro fragor.

Yo amo a mi puerto, en donde cien raros pabellones
desdoblan en el aire sus insignias navieras,
y se juntan las parlas de todas las naciones
con la policromía de todas las banderas.

El puerto adonde arriban cual monstruos jadeantes,
desde los más lejanos confines de la tierra,
las pacíficas moles de los buques mercantes
y las férreas corazas de los navíos de guerra.

Y amo estos barcos sucios de grasientos paveses,
de tiznadas cubiertas y herrumbrosos metales,
a cuyo bordo vienen marinos genoveses
de morenos semblantes y ojos meridionales.

Y a esos pobres patraches, tristes, desmantelados,
de podridas maderas y agrietado pañol;
más viejos que estos lobos que en un huacal sentados,
al soco de los fardos, están tomando el sol.

Y en tanto humean sus pipas, contemplan las
                                    [viajeras
naves, que hunden sus torsos de hierro en la bahía,
y relatan antiguas andanzas marineras
en las que acaso fueran los héroes un día:

Gavieros atrevidos y patrones expertos
que en la noche sondaron los más distantes lares,
que se han tambaleado sobre todos los puertos
y han escuchado el viento sobre todos los mares...

Y oyeron de las olas los rudos alborotos
golpear la cubierta con recia algarabía,
entre los crujimientos de los mástiles rotos
y las imprecaciones de la marinería.

Y luego, cuando el barco navegaba inseguro,
y era la noche negra como un ceñudo arcano,
miraron, en el fondo del horizonte oscuro,
aparecer la luna como un fanal lejano...

¡Oh gigante epopeya! ¡Gloriosos navegantes
que a la sombra vencisteis y a la borrasca fiera,
gentes de recios músculos, corazones gigantes;
yo quisiera que mi alma como las vuestras fuera!

Y quisiera ir a bordo de esos grandes navíos,
de costados enormes y estupendo avanzar,
que dejan en las nubes sus penachos sombríos
y una estela solemne sobre el azul del mar.

Y el timonel sería de esa griega corbeta
que hincha sus velas grises en el ambiente azul;
o el capitán noruego del bergantín-goleta
que zarpó esta mañana con rumbo a Liverpool...

¡Hombres del mar, yo os amo! Y, con el alma entera,
del muelle os gritaría al veros embarcar:
¡Dejadme ir con vosotros de grumete siquiera,
yo cual vosotros quiero ser un Lobo de Mar!


I


Puerto de Gran Canaria sobre el sonoro Atlántico,
con sus faroles rojos en la noche calina,
y el disco de la luna bajo el azul romántico
rielando en la movible serenidad marina...

Silencio de los muelles en la paz bochornosa,
lento compás de remos en el confín perdido,
y el leve chapoteo del agua verdinosa
lamiendo los sillares del malecón dormido...

Fingen, en la penumbra, fosfóricos trenzados
las mortecinas luces de los barcos anclados,
brillando entre las ondas muertas de la bahía;

y de pronto, rasgando la calma, sosegado,
un cantar marinero, monótono y cansado,
vierte en la noche el dejo de su melancolía...

## II

La taberna del muelle tiene mis atracciones
en esta silenciosa hora crepuscular:
yo amo los juramentos de las conversaciones
y el humo de las pipas de los hombres de mar.

Es tarde de domingo: esta sencilla gente
la fiesta del descanso tradicional celebra;
son viejos marineros que apuran lentamente,
pensativos y graves, sus copas de ginebra.

Uno muy viejo cuenta su historia: de grumete
hizo su primer viaje el año treinta y siete,
en un bricbarca blanco, fletado en Singapoore...

Y, contemplando el humo, relata conmovido
un cuento de piratas, de fijo acaecido
en las lejanas costas de América del Sur...

# III

Y volvieron, al cabo, las febricientes horas;
el sol vertió su lumbre sobre la pleamar,
y resonó el aullido de las locomotoras
y el adiós de los buques, dispuestos a zarpar.

Jadean, chirriantes, en el trajín creciente,
las poderosas grúas; y a remolque, tardías,
las disformes barcazas, andan pesadamente
con los hinchados vientres llenos de mercancías.

Nos saluda, a lo lejos, el blancor de una vela,
las hélices revuelven su luminosa estela;
y entre el sol de la tarde y el humo del carbón,

la blanca arboladura de un bergantín latino,
se aleja, lentamente, por el confín marino
como un jirón de bruma, sobre el azul plafón...

# IV

Esta noche, la lluvia, pertinaz ha caído,
desgranando en el muelle su crepitar eterno,
y el encharcado puerto se sumergió aterido
en la intensa negrura de las noches de invierno.

En la playa, confusa, resonga la marea,
las olas acrecientan en el turbión su brío,
y hasta el medroso faro que lejos parpadea,
se acurruca en la niebla tiritando de frío...

Noche en que nos asaltan pavorosos presagios
y tememos por todos los posibles naufragios,
al brillar un relámpago tras la extensión sombría;

y en que, al través del viento clamoroso, resuena,
ahogada por la bruma, la voz de una sirena
como un desesperado lamento de agonía...

# V

Llegaron invadiendo las horas vespertinas;
el humo, denso y negro, manchó el azul del mar,
y el agrio resoplido de sus roncas bocinas
resonó en el silencio de la puesta solar.

Hombres de ojos de ópalo y de fuerzas titánicas
que arriban de países donde no luce el sol;
acaso de las nieblas de las islas británicas
o de las cenicientas radas de Nueva York...

Esta tarde, borrachos, con caminar incierto,
en desmañados grupos se dirigen al puerto,
entonando el *God save,* con ritmo desigual...

Y en un Hurrah! prorrumpen con voz estentorosa
al ver, sobre los mástiles, ondear victoriosa
la púrpura violenta del Pabellón Royal...

# VI

Marinos de los fiordos, de enigmático porte,
que llevan en lo pálido de sus semblantes bravos
toda el alma serena de las nieves del Norte
y el frío de los quietos mares escandinavos.

En un invierno, acaso, por los hielos cautivos,
en el vasto silencio de las noches glaciales,
sus apagados ojos miraron, pensativos,
surgir las luminosas auroras boreales...

Yo vi vuestros navíos arribar en la bruma;
el mascarón de proa brotaba de la espuma
con la solemne pompa de una diosa del mar;

y los atarazados velámenes severos
eran para el ensueño cual témpanos viajeros
venidos del misterio de la noche polar...

# VII

Esta vieja fragata, ducha navegadora,
que luce en nuestro puerto su aparejo cansino
y, bajo el botalón, enristrando la prora,
policromado en roble, un caballo marino...

Esta vieja fragata portuguesa, en la rada
reposa su ventruda vejez de cachalote;
navegó tantos años y está tan averiada,
que es un puro milagro que se mantenga a flote...

Acaso —¡pobre nave!— recuerde en su porfía
la irreflexiva pompa con que un lejano día
zarpó del astillero, velívola y sonora;

y en este puerto extraño, de pesadumbres llena
hoy, valetudinaria, sobre estribor se escora
buscando el tibio halago del sol en la carena...

# VIII

Esta vieja fragata tiene sobre el sollado
un fanal primoroso con una imagen linda;
y en la popa, en barrocos caracteres grabado,
sobre el LISBOA clásico, un dulce nombre: *Olinda*...

Como es de mucho porte y es cara la estadía
alija el cargamento con profusión liviana:
llegó anteayer de Porto, filando el mediodía,
y hacia el Cabo de Hornos ha de salir mañana...

¡Con que desenvoltura ceñía la ribera!
Y era tan femenina, y era tan marinera,
entrando, a todo trapo, bajo el sol cenital,

que se creyera al verla, velívola y sonora,
una nao almirante que torna vencedora
de la insigne epopeya de un combate naval...

# IX

Hoy es la botadura del barco nuevo: *Luisa-*
*María*.—LAS PALMAS: lo han bautizado ayer;
su aparejo gallardo sabrá correr la brisa.
¡Por san Telmo, que es digno de un nombre de
[mujer!

Es blanco y muy ligero, de corto tonelaje
para darle más alas a su velocidad;
directo a las Antillas hará su primer viaje
al mando del más grande patrón de la ciudad.

¡Buen piloto!, valiente, sesenta años al cuento
de la mar; diez naufragios, y, como complemento,
alma de navegante procelosa y bravía.

No hay temor por su barco; saben sus compañeros
que antes de abandonarle, con él perecería:
que así han obrado siempre los buenos marineros...

# X

Es todo un viejo lobo: con sus grises pupilas,
las maneras calmosas y la tez bronceada.
Solemos vagar juntos en las tardes tranquilas;
yo le estimo, él me llama su joven camarada...

Está bien orgulloso de su pasado inquieto;
ama las noches tibias y los días de sol;
y entre otras grandes cosas dignas de su respeto,
es una, la más alta, ser súbdito español.

En tanto el mar se estrella contra las rocas duras,
él gusta referirme curiosas aventuras
de cuando fue soldado de la Marina Real;

de aquel famoso tiempo guarda como regalo,
la invalidez honrosa de su pierna de palo
y su cruz pensionada del Mérito Naval...

## XI

Frente a Los Arenales hay un buque encallado...
El arribar sin práctico fue grave desacierto;
al entrar, por la noche, tomó, desorientado,
las luces de la costa por el fanal del Puerto.

Funesto fue el engaño; la arremetida, fiera;
tratar del salvamento, esperanzas fallidas:
tiene la enorme proa clavada en la escollera
y la hélice en el aire con las aspas hendidas.

Nadie acierta a explicarse las causas del siniestro:
el capitán John Duncan, viejo marino diestro,
ha su veintena de años que hace la travesía...

¡Qué horror! Alguien afirma que el míster John
                                    [famoso,
ama las veleidades del whisky espirituoso...
¡En el puente han hallado su garrafa, vacía!

# XII

Noche pasada a bordo, en la quietud del puerto.
Ahora mismo amanece: la claridad escasa
va invadiendo los fardos del espigón desierto;
se oye el son fugitivo de una barca que pasa...

Frescor acariciante de la brisa marina,
muelles que se despiertan; apagados rumores
de velas que trapean en la paz matutina,
y lejanos silbidos de los remolcadores...

Alguna voz de mando que llega, amortiguada,
carruajes que se alejan entre la madrugada
y la franja de púrpura del sol que va a nacer;

mientras en los albores de la ciudad, humea
la torre de ladrillo de alguna chimenea,
como un borrón vertido sobre el amanecer...

*Santa Cruz de Tenerife*

# XIII

Navegamos rodeados de una intensa tiniebla:
no hay un astro que anime la negra lontananza;
y nos da el buque, en medio de la noche de niebla,
la sensación de un monstruo que trepida y avanza.

Baten las olas lentas su canción marinera,
el piloto pasea, silencioso, en el puente;
y un centinela, a popa, junto al asta-bandera,
apoyado en la borda, fuma tranquilamente...

Tiene un no sé qué indómito su mirada perdida,
el resplandor rojizo de su pipa encendida
en la toldilla a oscuras pone un candente broche:

y al mirar su silueta de rudo aventurero,
sueña que viaja a bordo de algún barco negrero,
nuestra alma, que es gemela del alma de esta noche...

# XIV

Vamos llegando en medio de un poniente dorado;
el Océano brilla como una intensa llama,
y poco a poco, lenta, la noche se derrama
en la paz infinita del puerto abandonado.

Nada perturba el seno de esta melancolía;
sólo un falucho cuelga su velamen cansado,
y hay tal desesperanza en el aire pesado
que hasta el viento parece que ha muerto en la bahía...

Entramos lentamente; a nuestro lado quedan
algunas lonas blancas, que en la noche remedan
aves de mar que emprenden una medrosa huida;

y a lo lejos, en medio de la desierta rada,
del fondo de la noche, como un soplo de vida,
va surgiendo la blanca ciudad, iluminada...

*Puerto de Cádiz*

## XV

¡Oh, el puerto muerto! Lleno de una ancestral pereza,
arrullado al murmullo de un ensueño ilusorio,
que aún guarda un visionario perfume de grandeza
sepulto entre las ruinas de su pasado emporio...

Estas ondas, antaño florecidas de estelas,
hoy murmuran apenas un quejumbroso halago
añorando la pompa de las hinchadas velas
y las gloriosas naves de Atenas y Cartago...

La ciudad, a lo lejos, a su sopor se entrega;
sólo en las tardes tristes, cuando el ocaso llega
y el sol poniente incendia los vesperales oros,

reclinada en sus fueros, majestuosa, espía
la vuelta de los viejos galeones, que un día
llegaban de las Indias cargados de tesoros...

*Cádiz, 1908*

# XVI

Puerto desconocido, desde donde partimos
esta noche, llevándonos el corazón opreso;
cuando estamos a bordo, y en el alma sentimos
brotar la melancólica ternura del regreso...

Silencio; tras los mástiles la luna, pensativa,
en las inquietas ondas su plenitud dilata;
y en el cielo invadido por la pereza estiva,
las estrellas fulguran como clavos de plata...

¡Oh, sentirnos tan solos esta noche infinita,
cuando, acaso, un suspiro de nuestra fe marchita
va a unirse al encantado rumor del oleaje!...

Y emprender, agobiados, la penosa partida
sin que un blanco pañuelo nos dé la despedida
ni haya una voz amiga que nos grite: ¡buen viaje!

*Lisboa*

# FINAL

Yo fui el bravo piloto de mi bajel de ensueño;
argonauta ilusorio de un país presentido,
de alguna isla dorada de quimera o de sueño
oculta entre las sombras de lo desconocido...

Acaso un cargamento magnífico encerraba
en su cala mi barco, ni pregunté siquiera;
absorta mi pupila las tinieblas sondaba
y hasta hube de olvidarme de clavar la bandera...

Y llegó el viento Norte, desapacible y rudo;
el vigoroso esfuerzo de mi brazo desnudo
logró tener un punto la fuerza del turbión;

para lograr el triunfo luché desesperado,
y cuando ya mi brazo desfallecía, cansado,
una mano, en la noche, me arrebató el timón...

# FERNANDO FORTÚN
## (1890 - 1914)

## FERNANDO FORTÚN

Dos libros únicamente escribió este delicado lírico madrileño, que murió a los veinticuatro años, pero sólo uno verdaderamente maduro: *Reliquias,* que apareció póstumo. Un libro este que basta para asegurarle un sitio en nuestra poesía por su buen gusto, su exquisito decadentismo, sus hermosas tonalidades crepusculares. Juan Ramón Jiménez, que estimaba a Fortún, fue uno de los editores de *Reliquias*, que ha sido recientemente rescatado (1992).

# SONETOS ROMÁNTICOS

## I

¡Oh evocador encanto de estos salones viejos,
que tuvieron antaño una época de gloria!
¿Qué figuras románticas copiaron tus espejos?
Pensativos retratos, decidme vuestra historia...

¿Qué secretos ocultan los rojos cortinones,
que oyeron decir versos de un fogoso lirismo?
Ceremoniosos aires de antiguos rigodones,
¿por qué en estas estancias ya no sonáis lo mismo?

Damas de aquellos tiempos, cordiales y coquetas,
que bebíais vinagre para estar siempre pálidas,
y amabais sobre todo la santa poesía,

haciendo así felices a los tristes poetas...;
damas de aquellos tiempos, almas bellas y cálidas,
¿por qué esa época vuestra no habrá sido la mía?...

## II

En la oscura calleja, esta silla de posta
que antes se detenía en la vieja posada,
por rota e inservible, se encuentra abandonada
como una vieja nave que se pudre en la costa.

Yo creo haberla visto cruzar por mi camino,
yendo en una sonora e incómoda galera,
como estudiantes, curas y gente jaranera...
Vestiría yo entonces un frac de lechuguino...

Y tras su ventanilla vi un traje Directorio
y un óvalo divino bajo una cofia rosa
de donde se escapaban rubios tirabuzones,

al pasar yo tejiendo un ensueño ilusorio...
Y vi la carretera otra vez silenciosa,
escuchando a lo lejos cantos de postillones...

# III

El preciado abanico que hay sobre la consola,
entre las porcelanas, junto a unas miniaturas,
deja ver, al abrirse, las goyescas figuras
del *país* de Fortuny: una escena española.

Fue de una abuela mía con alma de manola,
que en París residió; dicen que hizo locuras...
Linda falda de maja ciñera su cintura
en vez del polisson y el vestido de cola.

En una regia historia tal vez fue la heroína;
no sé qué comentarios ante el retrato oí...
La pintó Winterhalter, vestida de Rosina,

con una casaquilla de seda carmesí,
que en un baile de trajes, con su gracia divina,
lució en las Tullerías bailando con Morny.

# IV

Pasea por las tardes, bajo los soportales
de la sombría plaza de la Constitución,
en un opaco grupo de personas formales,
este hidalgo que tiene corazón de león.

Se ha formado una vaga y sonora leyenda
en torno a su severa figura señorial.
Sufrió muchos dolores... perdió toda su hacienda...
y conservó su gesto de altivez imperial.

Fue, con Zumalacárregui, el soldado más bravo
que peleó en Navarra. Y del Señor esclavo,
sacrificó su casa en bien de la facción.

Y todo emocionado, con orgullo se abate
al recordar su alma que, una tarde, en Oñate,
besó una mano regia como alto galardón.

# V

¡Y los viejos dandys, un poco afrancesados,
de melenas nevadas y próceres maneras,
con sus levi-sacs negros y sus blancas chorreras
encuadrando los rostros pulcramente afeitados!

Tuvieron una ardiente juventud azarosa
ocultada en sus rostros rientes y simpáticos,
y fueron oradores, poetas, diplomáticos,
igual que don Francisco Martínez de la Rosa.

Y con sus dulces voces sedosas y cansadas,
bajo el velón antiguo, en las largas veladas,
contaban raros casos, y ante ellos sonreían,

para al fin terminar lamentando el presente...
Y, poco a poco, iban inclinando la frente
y en el sillón de yute, soñando, se dormían...

# VI

Los pretéritos días que nunca conocimos,
los pálidos semblantes, y los tocados viejos,
son como esas mujeres cuyo retrato vimos
y a las que amamos sólo porque estaban muy lejos.

¡Oh las damas románticas cuyos días pasaron,
y, con ellas, sus dioses: Rossini y Lamartine!
Tal vez dos iniciales confundidas grabaron
una noche de luna en un viejo jardín...

Vosotros perfumasteis el siglo diez y nueve
con las almas de fuego en un cuerpo de nieve,
de la reina Cristina a Eugenia de Montijo...

Por vosotras, románticas, aún mi corazón arde;
a este mundo tan viejo, he venido muy tarde;
debí ser vuestro amante y he sido vuestro hijo.

# VISIÓN DE QUIETUD

## I

Yo hubiera sido igual que aquel abuelo mío
que fue guardia de Corps y amigo de Espronceda,
y tuvo algún romántico y sonado amorío
con alguien cuyo nombre decíase en voz queda.

Después de haber vivido mucho tiempo en la corte,
y cuando en mi melena albeara una cana,
en un viejo palacio de una ciudad del Norte
me uniera a una cordial y buena prima-hermana.

Los pretéritos tiempos serían olvidados;
y en las largas y quietas veladas invernales,
acabado el yantar, hundido en mi sillón,

viendo seis cabecitas con los bucles dorados,
y mientras que la lluvia hiriese los cristales,
seis voces me dirían: —Padre, la bendición.

## II

¡La calma de las horas opacamente iguales,
a la luz de la lámpara y al amor del brasero,
y el arrastrarse lento de aquel vivir casero,
hecho con apacibles cuidados abaciales!

Estar tras la vidriera leyendo, solitario;
y en los mudos ocasos en que hasta el aire piensa,
meditar en la calma con el alma suspensa,
esperando la hora de rezar el rosario.

Después, una tertulia silenciosa y levítica;
se hablaría del culto, del tiempo, de política;
y tal vez me tildasen de un poco volteriano...

Y al encender, muy tarde, el quinqué de petróleo,
aromara la sala, con el dulzor de un óleo,
un aria de Bellini llorando en un piano...

## III

Era mi hija mayor que, en el salón contiguo,
con su vestido Imperio ante el clave sentada,
junto a un dandy que en ella clavaba la mirada,
formaban una escena de algún grabado antiguo.

Y estando luego a solas, en las noches tranquilas,
cuando la paz del mundo por nuestras almas pasa
y late el corazón del silencio en la casa,
ver muy cerca de sí unas claras pupilas.

Y escuchando el halago de una voz que tendría
célicas inflexiones, tibias y acariciantes,
para pedir el pan nuestro de cada día,

añorando felices el vivir olvidado
—aquellos bellos tiempos sonoros y triunfantes—,
con el amor presente revivir el pasado...

# IV

Y al evocar los viejos amores juveniles
emocionadamente, ante una miniatura,
sentir plácida y vaga la serena dulzura
de la suave sonrisa de unos labios monjiles.

Guardar como un blasón el idilio de escándalo,
y repasar el libro de su sabida historia,
sintiendo que florece de nuevo en la memoria,
al abrir un antiguo abanico de sándalo.

Decir los tristes versos que a aquella dama hicimos
después de la primera ocasión que la vimos,
y contar el encanto de esa feliz mañana

que, con su traje rosa de organdí y su pamela,
como una aparición, en una carretela,
cruzó rápidamente la Fuente Castellana.

# V

¡Ver llegar los inviernos, pensando, junto al fuego,
si serán el final de nuestras quietas vidas,
estando rodeados de personas queridas
en las tibias estancias sahumadas con espliego!

Y teniendo el consuelo de las manos filiales
sobre nuestros dolores de viejos achacosos,
ver el fin melancólico de los días dichosos
cuando todo es enorme en las cosas triviales.

Y entonces, una tarde, en el antiguo lecho
donde yo fui engendrado y nacieron mis hijos,
que me rodearían llorando quedamente,

considerar mi vida, y, fuerte y satisfecho,
en un Crucificado mis turbios ojos fijos,
cual mis padres morían, morir cristianamente...

## PARTITURAS ROMÁNTICAS

Estos trozos tan cursis de óperas anticuadas
—*Marta, Forza, Lucía,*— tienen un vago encanto;
unas bellas muchachas, rojas, emocionadas,
cantaban con la voz delgada por el llanto...

Eran primeros premios en el Conservatorio
y fueron nuestras novias de una divina edad,
cuando íbamos tras ellas con aires de Tenorio
en vez de ir a las clases de la Universidad.

Y también nos recuerdan estas óperas viejas
aquellos bellos tiempos, que ya no volverán,
según aquella abuela que contaba consejas
e historias de la Penco y de la Malibrán.

¡Partitura romántica, ya pasada de moda,
que está abierta ahora sobre el vetusto atril
de este clave empolvado: ante ti pasa toda
la historia de aquel dulce amor estudiantil!

...Los sábados, su cara, pálida por la anemia,
se veía en el viejo paraíso del Real;
y oía emocionado *Traviata* o la *Bohemia*...
¡Oh, aquella niña cursi que creí mi ideal!

# ESTE VIEJO CAFÉ...

Este viejo café de tertulias burguesas
tiene una vaga historia olvidada y magnífica;
en días ya lejanos ocuparon sus mesas
tipos dignos de alguna novela terrorífica,

figuras misteriosas que entraban embozadas;
y las luces de gas, discretas y cambiantes,
dejaban en penumbra sus sombras recatadas,
iluminando a veces juveniles semblantes.

Eran grupos herméticos, que siempre conspiraban,
en esa bella época de las revoluciones...
Al pasar, confundidas palabras se escuchaban:
el oro inglés... el día del grito... los masones...

¡Oh, aquella juventud cálida y arbitraria,
de ilusiones sonoras y de altos ideales,
desdeñadores líricos de la vida ordinaria,
bellamente románticos y un poco teatrales!

Tomaban actitudes de tribunos romanos,
siempre declamatoria su vieja teoría,
hablaban en los clubs haciendo poesía
y eran después discursos sus versos byronianos.

Son sus rostros aquellos que Madrazo retrata;
y estando en un sarao discutiendo ardorosos
contra los moderados quedaban silenciosos
oyendo recitar *La canción del pirata*.

Y sus almas acordes un momento latían,
posesas de un antiguo y generoso fuego,
mientras que sus palabras siempre se confundían,
pareciendo rimar con el *Himno de Riego*.

Así pasó su vida la juventud aquella,
como esa musiquilla de un día de jarana,
y por loca y romántica y fogosa, fue bella
y porque no sabía pensar en el mañana.

Y siempre se escuchaban sus voces exaltadas;
y sus grandes sombreros de copa y sus melenas,
como cascos guerreros detrás de las almenas,
emergían ornando todas las barricadas...

Creo verlas aún ocupando las mesas
de este antiguo café, donde se escucha ahora
el sosegado hablar de estas gentes burguesas
y en el piano, el sueño de un triste vals que llora.

# EN TIERRA VASCA

## II

Crepúsculo lluvioso y otoñal. El rosario.
Por las calles resuenan, graves, unas pisadas...
Las primeras ventanas se ven iluminadas.
Una mansa tristeza baja del campanario.

Una carreta gime por las calles umbrías;
como un lamento suena el ¡Aidá!... del boyero.
Tiembla la claridad rojiza de un mechero,
viéndose a los caseros que hay en las sidrerías.

Y una arcaica figura que otro tiempo hemos visto,
tocada ahora de boina y un viejo montecristo,
aparece en la puerta de un secular palacio.

Es un enjuto hidalgo acartonado y seco;
parece su cabeza una que pintó el Greco,
y se llama don Carlos, don Juan o don Ignacio.

# III

Tarde de romería, gris y acariciadora,
en que la luz parece tamizada por tules.
Llovizna, y se diría que mansamente llora
el cielo, como un niño, con sus ojos azules.

Se aspira una fragancia a búcaro y a heno.
A lo lejos, su queja repite el tamboril...
En la paz del crepúsculo, inefable, sereno,
palpita una tristeza penetrante y sutil.

Una pareja marcha, lenta, por el camino,
mirándose a los ojos, enlazadas las manos...
Y el zortzico en sus labios es un canto divino.
Se oyen voces y gritos, confundidos, lejanos...

Y los romeros tornan, despacio, a sus hogares,
donde aguarda el silencio, la soledad, el trabajo.
En cada caserío, las vacas familiares
son hermanas que un día ferial el padre trajo.

Va muriendo la tarde. Y hay una voz sonora
que prorrumpe en irrintzis, el silencioso grito
que los montes repiten, vibrando en esta hora.
Y el eco hace profundo su misterio infinito...

# BAJO EL ARDOR DEL SOL...

Bajo el ardor del sol que incendia los herbales,
los carros, lentamente, retornan de la era;
calcinados, sedientos, entre la tolvanera,
se arrastran, cual leprosos, por los caminos reales.

Sienten fuego las bestias bajo las herraduras,
y sobre sus cabezas, cansadas, abatidas...
Las moscas y los tábanos ensanchan las heridas
de sus cuerpos barcinos llenos de mataduras.

La sombra de unos chopos, al borde de un sendero,
es como un santo halago sobre una roja llaga...
Y el fuego de la tarde tiembla y casi se apaga
en la húmeda tersura de un claro abrevadero.

# RAFAEL LASSO DE LA VEGA
## (1890 - 1959)

### RAFAEL LASSO DE LA VEGA

Está por escribir la vida de este aristócrata andaluz y refinado modernista, que recorrió medio mundo, se casó varias veces y acabó recalando, para morir, en su Sevilla natal. Lasso de la Vega comenzó escribiendo una poesía intimista y machadiana, que después derivó hacia el vanguardismo, incluido el ultraísmo. Con alguna excepción, históricamente relevante, la muestra aquí seleccionada pertenece a esa su primera etapa, la más valiosa.

# ¡LA NOCHE AZUL INTENSAMENTE DICE...!

¡La noche azul intensamente dice
llanto a mi corazón, paz a mi alma!
Los luceros tranquilos parpadean;
vierte su luz la luna solitaria.

En el balcón abierto ronda el aire
y se desliza hasta la oscura estancia.
Y es un prodigio de constelaciones
el cielo azul entre la risa clara
que esparce de su seno la alba luna...
La brisa viene fresca y perfumada.

—No sé qué pasa en mí... La noche tiene
para mi corazón todas las lágrimas...
¡Y yo siento un vacío sobre el pecho
y una paz infinita sobre el alma!

Íntimamente se han abierto todas
mis amarguras y mis esperanzas,
como las flores que a la brisa pura
esparcen bajo el cielo su fragancia.

*1904*

## LLEGUÉ EN SILENCIO;
## SU CRISTAL VERTÍA...

Llegué en silencio; su cristal vertía
en clara voz el surtidor doliente,
y a un dulce beso de melancolía
temblar mi rostro contemplé en la fuente.

Nadie pasaba. En el confín espeso
su voz de sombra susurró la brisa;
salió de un árbol suspirante beso
cual una pena sobre una sonrisa.

Mi pecho tiene una nostalgia vieja
y halla un amor en su pesar suave.

—Todo en un sueño, como el sol, se aleja;
dice en la fronda su cantar un ave.

Dolor paciente que dolor no deja...
—¡La mayor pena es la que no se sabe!

*1904*

# BRILLABAN EN LAS RÁFAGAS DEL AIRE...

Brillaban en las ráfagas del aire
rondas de ensueño, pálidas estrellas...
Llamó al umbral de mi dorado alcázar
el ansia loca de amenguar mis penas.

Soñé... La noche con la luna oraba
el florecer de mi ilusión primera;
tras los cristales de mi sueño iba
la sombra vaga de una sombra vieja.

Siento en mi pecho un renacer. Sonrío.
La luna asoma entre las nubes lentas
que pasan en silencio con la brisa.
La brisa tiene olor de primavera.

Dice la fuente su cantar. Yo siento
que alguien que viene hasta mi ser se acerca.
Tiembla mi corazón... Oigo que llaman;
miro al balcón... La calle está desierta.

*1906*

# LA MAÑANA

La mañana es alegre; el sol tiende dulzura
lujosa sobre el campo; la tierra está florida...
Todo, al brillo inefable del sol y el aura pura,
parece que me evoca recuerdos de otra vida.

Me dicen los cantares en ritmo de la fuente
una esperanza; el sueño corona mi cabeza...,
y entre tanta dulzura, yo siento solamente
que con nuevos martirios se aguza mi tristeza.

Pero, ¡ay!, si yo con todo mi amor le preguntara:
«¿Tú quieres ser mi novia?», y entonces me dijera:
«¡Yo quiero ser tu novia!», con ímpetu llegara
llenándome de vida y luz la primavera.

*1906*

## CREPÚSCULO EN EL CAMPO

El cielo azul. Sobre el Poniente triste
hay una claridad de nubes rojas
que alumbran tibiamente
los campos solitarios...

Y una estrella fragante y luminosa
—buena estrella de paz— su paz difunde
en una santa bendición de auroras.
El sol se va muriendo. En los caminos
se hace la soledad abrumadora...
—¡Los caminos se duermen infinitos
llenos de mansedumbre!
El aire gime... Las campanas tocan...

Por el balcón abierto a la llanura
penetran las esencias de las rosas,
y hay un vuelo de errantes alegrías
y una tristeza de saudades hondas.

Suena un leve murmullo en la espesura,
un leve musitar en cada hoja.
En el secreto de las ramas verdes
de la dormida fronda
—como un sueño sombrío que pasara—,
no sé qué manos invisibles rozan

y van abriendo dulces melodías...
En el cielo se buscan las palomas,
y el musical concierto de la brisa
tiene las suavidades de la sombra.

Pasan las voces tenues del crepúsculo,
esas voces lejanas, temblorosas...,
pasan las voces de la tarde, pasan
como esfumadas, en sutiles rondas;
vienen de Oriente... Traen la paz... Avanzan
en una hilera azul y melancólica...

—Sueño de infancia y primavera: alumbra
el canto de la tarde azul con rosas,
con tañidos distantes de campana,
con murmullos de ave y con aromas.

## HACIA ALLÁ VA EN SILENCIO
## EL PENSAMIENTO MÍO...

Hacia allá va en silencio el pensamiento mío
y se queda rondando,
en esa casa blanca, a la orilla del río;
en esa casa blanca, bajo los altos chopos
a lo largo del río,
que parece nevada por infinitos copos,
mi pensamiento vuela, como sombra ligera,
toda blanca de copos

de nieve, y en su centro duerme una primavera.
¡Ay, una primavera duerme allí, silenciosa!
¡Ay, una primavera
que lleva la alegría, la sonrisa y la rosa!...
¡La rosa para ti, y el amor, amor mío!
¡El beso, el sol, la rosa...
en esa casa blanca de la orilla del río!

## DICIEMBRE

Diciembre triste. El cielo plomizo y bajo, pesa
sobre el alma. ¡Qué llantos ocultos! Se presiente
un gran dolor de todo, bajo la bruma espesa;
y suspira el crepúsculo melancólicamente.

Una estatua de mármol, desnuda y blanca, expresa
el alma del silencio que llora en el ambiente;
su mirada que duerme, cual si evocara, besa
armónica el encanto de un bello mundo ausente.

En la quietud ruinosa de la glorieta —triste,
abandonada y bella—, un hondo sueño existe.
La tarde va cayendo... La soledad sorprende.

¡Está todo tan lejos!... Y en su cristal musgoso
deslíe la fontana su canto misterioso
que sólo el alma escucha y sólo el alma entiende.

# CASTILLO FANTÁSTICO

Del grato corazón de los rosales
se exhala un dulce olor que mece el viento.
          Doradas claridades
iluminan el cielo.

¿Es el sol o una nube de luz?... Toda la sangre
del ocaso encendido llena el cielo
          y baja a los rosales,

al agua que reposa en el misterio
          inmóvil y musgoso del estanque,
al bello laberinto de senderos
          y a las ramas rugosas de los árboles,
en rayos rojos, como el sol sangrientos.

Y al beso de los rayos, los rosales
son rojos; es el agua de un espejo
          de llamas, y el estanque
un poderoso incendio...

¡De cobre y oro verde son los árboles!
Es un sueño de rosa todo el cielo,
          ¡y en el poniente el sol, entre arreboles,
un castillo fantástico de fuego!

                              *Santa Verenia, 1908*

# EL UNICORNIO
## (Égloga de Hyde Park)

*«Honni soit qui mal y pense»*


He visto el Unicornio desde el lago
Es de marfil con el tronco de cebra
y la mirada de alcanfor
Y pace rosas junto al agua.


Los jinetes de la Rotten Row
vienen por las mañanas muy temprano
y lo acosan sobre la yerba aún fresca de rocío
Pero se pierden con la bruma entre los árboles


A medio día hay mucha gente
Y los domingos sobre todo si hace sol la muchedumbre
se tiende boca arriba durmiendo sobre el césped
igual que en un colchón de sanatorio


Nosotros no vamos a dormirnos
esta tarde tranquila de septiembre
ni siquiera de pie como los maniquíes de Knights-
[bridge
mientras pasan los ómnibus por los escaparates


No vamos a dormir ni tampoco a soñar
habiendo tantas cosas que saber

y tanto que captar allá en las lejanías
y aquí mismo si no lo estorba nadie

¡El Unicornio ha hecho desbocar los caballos
de aquel landó que huye furioso sobre el puente! —
                                                    [No mires
Tomaremos el té si te parece aquí sobre la yerba
junto a do pacen los carneros

Después nos llevaremos el crepúsculo a casa
con todas sus rosas y también el parque
con todos sus prestigios y todos sus secretos
Y maldito sea quien piense mal

*Londres, 1912, a A. Mac-Kinlay*


## INTERIOR

Aquella noche volví
más temprano que de costumbre.
Y como no tenía ganas
de escribir ni leer mis viejos libros
me tendí a reposar sobre una meridiana
fumando un cigarrillo.

Poco a poco mirando distraído
comencé a darme cuenta de las cosas
que allí me rodeaban

Poco a poco mirando atentamente a todos lados
me di perfecta cuenta de las cosas
Y entonces advertí serenamente
que yo no conocía aquella habitación
Que antes de aquel momento
jamás había visto aquella habitación
mi propia habitación que yo creía familiar

Todo era extraño y sorprendente

Sobre el suelo extendíase
la inmensa cola de un faisán
en un jardín sumido bajo un estanque con nenúfares

A los dos lados del balcón
teníanse de pie dos esbeltos querubes
Graves y encinturados con las alas plegadas
frente a frente se hacían reverencia

En un rincón había
un gran acordeón de plomo
Y más allá
blandiendo un resplandor de lanzas
esplendía un arcángel vertical (probablemente
San Miguel) a cuyas plantas
un monstruo debatíase vencido

Al otro lado
los libros de un anaquel
inclinados los unos en los otros
se insinuaban hacia el acordeón
escuchando una música que no se percibía

Surtidores magníficos describían sus curvas
sobre una fuente que colgaba del cielo
entre nubes de perla y cornalinas

Tras la puerta las Musas miraban en silencio
desde la galería

Pero lo más extraordinario
eran las cuatro paredes —que no eran tales paredes
sino los cuatro lados de una caja de espejos
con el mismo pájaro y el mismo ramo de flores
repetidos al infinito

*1914*